*Saindo das Sombras...*
*Entrando na Luz*

Ricky Medeiros

# *Saindo das Sombras...*
# *Entrando na Luz*

© 2014, Madras Editora Ltda.

*Editor:*
Wagner Veneziani Costa

*Produção e Capa:*
Equipe Técnica Madras

*Revisão:*
Arlete Genari
Jerônimo Feitosa

---

**Dados Internacionais de Catalogação na Publicação (CIP)**
**(Câmara Brasileira do Livro, SP, Brasil)**

Medeiros, Ricky
Saindo das sombras –: entrando na luz/Ricky Medeiros. – São Paulo: Madras, 2014.

ISBN 978-85-370-0899-7

1. Espiritismo 2. Romance espírita I. Título.

14-01312         CDD-133.93

Índices para catálogo sistemático:
1. Romances espíritas: Espiritismo 133.93

---

É, proibida a reprodução total ou parcial desta obra, de qualquer forma ou por qualquer meio eletrônico, mecânico, inclusive por meio de processos xerográficos, incluindo ainda o uso da internet, sem a permissão expressa da Madras Editora, na pessoa de seu editor (Lei nº 9.610, de 19.2.98).

Todos os direitos desta edição reservados pela

**MADRAS EDITORA LTDA.**
Rua Paulo Gonçalves, 88 — Santana
CEP: 02403-020 — São Paulo/SP
Caixa Postal: 12183 — CEP: 02013-970
Tel.: (11) 2281-5555 — Fax: (11) 2959-3090
www.madras.com.br

# Índice

Introdução ................................................................ 7

Capítulo Um
O Repórter: Enviado Especial do outro Lado ............ 9

Capítulo Dois
O Primeiro Passo: o Repórter se Prepara ................. 15

Capítulo Três
Abrem-se as Cortinas e Começa o Espetáculo .......... 23

Capítulo Quatro
Há uma Razão ............................................................ 29

Capítulo Cinco
Dinheiro é Energia, Mas Não a Única Energia .......... 37

Capítulo Seis
Somos o que Somos ................................................... 45

Capítulo Sete
Sem Solução Fácil ..................................................... 53

Capítulo Oito
Geraldo ...................................................................... 63

Capítulo Nove
Uma Pausa Antes de Prosseguir ............................... 75

**Capítulo Dez**
Um Planeta Mais Leve.................................................79

**Capítulo Onze**
Os Sinais de uma Nova Era ........................................85

**Capítulo Doze**
As Feridas do Ódio ......................................................91

**Capítulo Treze**
O Rabino e as Marcas da Religião ............................99

**Capítulo Quatorze**
Mais Mudanças, Mais Feridas – o Padre ..................107

**Capítulo Quinze**
Por que as Coisas São Como Elas São e por que Elas
Vão Ser Como Vão Ser.................................................113

**Capítulo Dezesseis**
O Monge........................................................................121

**Capítulo Dezessete**
A Limpeza da Raça ......................................................129

**Capítulo Dezoito**
A Mãe .............................................................................137

**Capítulo Dezenove**
O Início do Fim.............................................................143

**Capítulo Vinte**
Coisas que Aprendi – Epílogo ....................................149

# Introdução

O mundo que vivemos está passando por grandes transformações...

Morais... Tradições... Ideias... Comportamentos...

Muitos de nós sentimo-nos perdidos.

Nunca, na história desta esfera, enfrentamos uma era com tantas mudanças.

Terremotos... Níveis dos oceanos subindo... Mudanças climáticas... Mudança no eixo da Terra. Mudanças na economia....

Além de se sentir perdidos, muitos se sentem confusos, com medo.

Estamos vendo, de vez em quando, profecias do "Final dos Tempos", até com data marcada.

Ouvimos de mil oráculos que a vida neste planeta está chegando ao fim, que logo, logo todos vão ser engolidos por uma grande catástrofe.

Neste livro, eu explico o que realmente está acontecendo em nossa volta.

Não é, garanto a você, o fim dos tempos. Estamos vendo as primeiras brisas dos ventos de uma Nova Era chegando.

Os choques, os medos, as inseguranças são simplesmente um reflexo do que está acontencendo aqui na Terra e no lado espiritual que nos cerca.

Uma Nova Era está começando a ser estabelecida aqui nesta vibração, e as novas ideias, conceitos e morais estão entrando em choque com a Velha Era que ainda continua dominando o planeta.

Todos nós estamos sendo afetados por essas brisas novas e o choque com a vibração antiga. Tudo tem uma explicação: a violência, os conflitos e os tumultos que estão girando ao nosso redor.

*Saindo das Sombras... Entrando na Luz* não simplesmente retrata esses acontecimentos, mas esclarece os porquês. Além disto, explica como todos nós, eu e você, devemos agir.

*Ricky Medeiros*

Capítulo Um

# O Repórter: Enviado Especial do outro Lado

*"Sendo assim, não tema! Mudanças para o bem estão se aproximando. Mudar não significa necessariamente revolução, desastre e o cumprimento das profecias propagadas. Mudar pode significar a destruição das horrendas profecias e a elevação do indivíduo, de poucos e muitos."*

**AMADO ARCANJO ZADKIEL
E AMETISTA SAGRADA**

Acordar para ir trabalhar era sempre um episódio emocionante e fascinante. Nenhum dia era igual ao outro, graças à época em que eu vivi e ao meu trabalho.

O ano em que nasci: 1911.

Nos anos 1930, eu era repórter em um jornal; depois fui para o rádio, cobri a Segunda Guerra Mundial na Europa para uma grande rede americana. Vi, bem de perto, a sanguinolência, a selvageria e a brutalidade de que o homem era capaz. Se existe, como alguns dizem, nobreza na guerra, eu não a conheci.

Em 1929, testemunhei os Estados Unidos e o resto do mundo mergulharem no desespero quando os alicerces financeiros desabaram.

Em 1932, vi Franklin Roosevelt eleito, e ouvi, ansioso, quando ele nos disse que "nada tínhamos a temer além do próprio medo". Eu acompanhei a ascensão de Hitler, que usou nossos próprios medos e aniquilou milhões. Entrevistei Mussolini e Churchill e vi como a guerra mudou a face da Europa e do mundo.

Entretanto, aquelas eram mudanças políticas; eu tinha a sensação de que havia muito mais pela frente.

Vim a falecer em 1965, ainda mais certo de que haveria uma transformação fundamental prestes a acontecer na Terra. A corrida armamentista, a corrida espacial, o movimento pelos direitos civis, cobri tudo isso, mas lá no fundo de minha alma, eu sabia que eram pequenas bolhas de um fervor ainda não visto.

Quando morri, senti-me passado para trás; havia muito mais a fazer, ver e noticiar. A TV era o novo meio de comunicação e eu era seu personagem principal.

Mas não era para acontecer. O Universo tinha outros planos para mim e, sempre tentando (nem sempre conseguindo) ser um servo obediente, esperei.

Não precisei esperar muito.

Minha transição da Terra para o plano espiritual não foi difícil porque eu sempre tive uma inabalável fé em Deus, uma confiança no Universo e a firme crença de que havia uma razão por trás da rotina muitas vezes mundana de nosso cotidiano, mesmo quando eu não podia sequer imaginar qual era essa razão. Mesmo assim, eu não era nem nunca fui religioso; vi como os homens distorcem, pervertem e abusam da religião e de seus seguidores e conheci a agonia, o sofrimento e o desnecessário desperdício de vidas executadas em nome da fé. Eu era, isso sim, certo de que havia uma semente de luz em cada religião e em cada crença, um caminho para o Criador.

Sendo assim, logo me adaptei ao meu novo ambiente. Eu não estava surpreso por descobrir que não existe céu e, para ser bem honesto, fiquei mais do que aliviado por saber que não existe inferno. Na Terra, eu tinha certeza de que havia cometido um número suficiente de pecados para estar fadado ao inferno; fumando, bebendo e chegando perto de cometer adultério algumas vezes. De acordo com algumas poucas religiões, alguns amigos e a maioria dos inimigos, eu estaria de passagem comprada para o trem expresso que levaria ao reino de Satanás.

Ainda bem que esse destino não existia.

O que está, então, do lado de cá?

Deixe-me descrever este "outro lado da vida". É uma continuação de minha vida na Terra; não no sentido de que levantamos pela manhã, tomamos banho, fazemos a barba, colocamos a roupa e pegamos nosso caminho para o escritório, loja ou fábrica. É mais sutil e sublime que isso. Nós estamos às voltas com as mesmas circunstâncias da velha vida. Estamos atraídos e atraindo os mesmos valores, amigos e ideias que tivemos na Terra.

Por exemplo, cheguei aqui com fortes convicções sobre o que é certo ou errado. Aqui, eu passeio por essas vibrações, encontrando espíritos que têm as mesmas ideias que eu.

Eu morri em paz comigo mesmo; encontrei paz do lado de cá.

No entanto, eu também trouxe comigo uma inexplicável sensação de que tinha uma missão a cumprir; havia mudanças surgindo no horizonte e eu precisava fazer parte delas.

Na Terra, amigos e colegas de trabalho me descreviam como "intenso": eu me concentrava em um assunto e não o abandonava antes de esgotá-lo. Eu trouxe essa intensidade comigo, também.

Havia ainda muita coisa que eu queria ter feito na Terra.

"Você pode fazer daqui", confortou-me Emmanuel.

Emmanuel é um mentor, um amigo, que esteve ao meu lado por muitas encarnações. "Existe uma razão por trás dessa sua última encarnação, você está sendo preparado para 'o grande espetáculo'. Esta é sua missão."

O grande espetáculo... Uma missão...

Eu sempre soube! Mas ainda não sabia onde ele queria chegar.

"E, do lado de cá, você tem um lugar na primeira fila". Emmanuel prosseguiu sem dar explicações. "Vai ser mais fácil. Você não está envolvido. Além disso, temos uma perspectiva única do lado de cá. É como seus colegas repórteres dizem, 'na cara do gol'."

Eu ergui as sobrancelhas. Estava esperando por isso. Era o que meus colegas repórteres chamavam de "chamada de capa".

"Noticiar as mudanças que seus instintos anunciam. Ajudar espíritos encarnados na Terra a entender o que está acontecendo. Apenas os fatos, assim eles podem avaliar e tirar as próprias conclusões."

Era uma missão e tanto, mas eu tinha minhas dúvidas.

Não haveria microfones, mídia escrita ou câmeras de TV por aqui e, além disso, "Como eu posso noticiar? Até onde eu sei, no lado de cá não há um canal de TV que é transmitido para a Terra!"

Emmanuel me repreendeu, dizendo que eu saberia o que fazer quando chegasse a hora. "Tudo vai estar no lugar certo. Acredite em mim. Estamos fazendo os preparativos no lado da Terra também. Existem muitos espíritos envolvidos neste projeto, do lado de lá e do lado de cá."

Ele sorriu, acrescentando: "Vai ser um projeto e tanto".

Concordei com ele, nós temos mesmo uma visão diferente dos eventos quando estamos deste lado da vida; assistimos a eles pelo prisma da eternidade. Já se passaram 50 anos desde que cheguei aqui e já vi muita coisa. E estou pronto para o que Emmanuel chama de "o grande espetáculo", mesmo não tendo a menor ideia do que pode ser o tal "espetáculo".

De qualquer forma, encontrei um modo de publicar a matéria.

Você está lendo este livro, não está?

Meu nome é Edward, direto do Outro Lado da Vida.

Chegou a hora.

Mesmo assim, antes de concluir, gostaria de me despedir dizendo uma coisa que disse há muito tempo atrás:

"O que é obscuro é o que vemos todos os dias. O óbvio ululante, ao que parece, não é tão frequente."

**Ed, enviado especial ao Outro Lado da Vida.**

Capítulo Dois

# O Primeiro Passo:
# o Repórter se Prepara

*"Esqueça a classe e lembre-se do homem.*
*Esqueça o preço e lembre-se da pérola.*
*Esqueça o trabalho e lembre-se do fruto.*
*Esqueça o templo e lembre-se de Deus".*

**OS SETE PROPÓSITOS**

"Ed," aconselhou meu mentor, "lembre-se disto: não importa o quanto você tenta, você não pode modificar os fatos. Espíritos, quer seja aqui ou na Terra, têm livre-arbítrio. Assim é o jogo. Sem o livre-arbítrio, somos robôs sem nenhum propósito de vida".

"E," Emmanuel prosseguiu, "as situações são moldadas e criadas pelo livre-arbítrio. Simples assim. Sempre existe uma opção; ir para a esquerda, para a direita, ou seguir em frente. Ou ainda ficar imóvel. Mas o que está por vir depende daquilo que foi feito e como foi feito".

Então, adotando um tom misterioso, ele acrescentou: "Você vai se encontrar com alguém que tem muito a dizer sobre o livre-arbítrio. Preste muita atenção e anote palavra por palavra do que esse espírito disser. É muito interessante...

e verdadeiro. Basicamente, o que quero dizer é que você não deve tentar interpretar; deixe que o depoimento seja integralmente absorvido por seus leitores, para que eles avaliem por si mesmos".

Minha curiosidade foi provocada e, apesar de mal saber o que esperar, eu logo me lembraria dos conselhos que ele havia me dado.

Para descrever meu amigo Emmanuel em palavras terrestres, eu diria que ele é o oposto de mim. Sou alto e magro, com cabelos pretos como carvão e, usando a descrição de outros, tenho "um rosto feito de pedra com olhos negros e penetrantes". Emmanuel, por outro lado, tinha cabelos louros ondulados, um rosto suave, quase infantil, com olhos grandes e azuis. Pode-se dizer que comprovamos o velho ditado de que os opostos se atraem; estivemos juntos ao longo de séculos, nos dois lados da vida.

Neste momento, estamos no meio daquela correria, com os preparativos para a maior matéria da minha carreira: noticiar para a Terra sobre a Terra, sendo um espírito. O grande espetáculo é o meu assunto, mas, como tudo por aqui, vai me ser revelado aos poucos e em partes. O Universo, acho eu, gosta de ordem; tudo é assim, um passo de cada vez.

Pelo que imagino, devo estar agora no primeiro passo: preparando-me para noticiar o grande espetáculo (mesmo que eu ainda sequer saiba do que se trata) para você.

Como sempre, nossa conversa vai ser em um de meus lugares favoritos: a redação de uma grande rede de TV na Terra. Eu gosto de passear por lá, olhando por sobre os ombros de editores e repórteres enquanto eles batalham para transformar os fatos em notícias. Claro, eles não podem me ver, mas eu tenho a mais clara visão de seus rostos sérios e concentrados, enquanto eles se esforçam para ter as matérias prontas antes do fechamento.

Que transformação! No meu tempo, a gente catava milho sem o menor jeito em pesadas máquinas de escrever. Hoje os computadores têm teclados pequenos e compactos e são digitados rapidamente, sem sequer usar papel.

Nós tínhamos pequenos monitores nos quais imagens em preto e branco cheias de interferências surgiam nas telinhas redondas; a redação onde estou tem uma tela grande e plana, onde uma visão do mundo totalmente colorida em alta definição chega até aos repórteres.

Emmanuel me permite que eu satisfaça meus caprichos um pouco mais. Ele sabe que este é um dos poucos prazeres que restaram dos meus tempos na Terra. Alimento-me dessas enormes salas cheias de adrenalina, retiro energia da excitação e da tensão provocada pelo trabalho contra o relógio, a pressa de ver tudo pronto no momento de entrar no ar. Eu saboreava cada segundo dessa sensação, durante todo o tempo em que trabalhei em meus programas de televisão.

E ainda saboreio.

"Lembre-se disso e use essa energia retirada de cada matéria que já assinou", disse o guia, chamando de volta minha atenção, "a Terra é como é por causa do jeito como ela foi criada. Começou como um planeta disforme e primitivo e evoluiu até o que é hoje em dia. O sofrimento, a dor e o desespero estão lá porque fazem parte da receita. Espíritos encarnam para aprender com os testes e lições que só podem experimentar na Terra. Mantenha isso em mente durante sua reportagem".

Meu mentor estava certo. Aqui, no Outro Lado da Vida, não estamos mais apegados aos acontecimentos. Aqui, não filtramos as emoções em corpos físicos, ou seja, não experimentamos os momentos da mesma maneira. Na Terra, as emoções são mais intensas e os sentimentos mais profundos.

Emmanuel indicou com a cabeça as pessoas espalhadas pela redação.

"Diga a eles", e eu sei que ele não somente estava falando dos repórteres e editores, "que não tenham medo. Todos eles estão vivendo neste planeta e neste momento por uma razão; eles fizeram uma escolha, ainda antes de nascer, para estarem vivos agora".

Mais uma vez, percorri os olhos pela movimentada redação. Quantas vezes eu estive tão hipnotizado pelo que estava fazendo que me deixei dominar pelos acontecimentos? Quantas vezes estive ocupado demais, ou com medo até, para fazer uma pausa e refletir?

Juro fazer tudo o que for necessário para refletir sobre cada matéria que vou enviar para a Terra em breve. Juro me afastar do assunto para analisar e ganhar uma nova perspectiva. E mais do que tudo, juro dizer a verdade.

"Não disse que você não pode interpretar", meu mentor interrompeu meus devaneios. "Esta é uma das razões pela qual você foi escolhido. Você pode falar daqui, mas usando o conhecimento que possui do plano terrestre."

Desde que desencarnei, li sobre a história da Terra e agora posso ver a mesma história usando um ponto de vista impossível para quem está vivendo no planeta. Creio que é essa visão "única" a que Emmanuel se referiu.

Mesmo as grandes tragédias e desastres, eu já aprendi, nada mais são do que meras bolhas na fervura da eternidade. Não importa o quão doloroso, chocante, ultrajante ou cruel, sempre há uma razão para tudo.

E o mais importante de tudo, ninguém deve se esquecer disso, nós somos os responsáveis. Como William Shakespeare escreveu: "Nosso destino não está nas estrelas, está em nossas mãos".

Mas onde Deus se encaixa nisso tudo?

Fomos ensinados que Ele tem um plano. E tem mesmo. A Terra e nossa presença neste palco da vida são partes deste plano. Todavia, este não é o tipo de plano a que estamos acostumados.

Deus não é um roteirista; Seu Universo nada mais é do que um palco onde interpretamos nossos papéis, escrevendo nossos roteiros enquanto vamos vivendo nossas vidas.

Deus é um arquiteto; Ele desenha os planos, mas somos nós que escolhemos o enredo. Somos nós que decidimos como vamos viver nas edificações que Ele projetou.

Nenhuma das conclusões a que cheguei e que narro adiante será um grande absurdo ou irá mudar o curso da civilização. Mesmo assim, eu gostaria de compartilhá-las com você.

O poder que chamamos de Deus conhece o que está por vir, porque na verdade o futuro é um só: a sublime perfeição de cada espírito que Ele criou.

O Universo não nos envia catástrofes; ele nos cria oportunidades. Nós, por meio de nossas próprias ações ou passividade, preenchemos a Terra com os grandes e pequenos acontecimentos de nossas vidas. Inundações, furacões e terremotos não são punições ou sinais da ira divina. Às vezes, são degraus para a evolução do planeta. Outras vezes, esses acontecimentos são oportunidades para que cresçamos.

Deixe-me explicar.

Existem muitas situações que podem parecer fora do nosso controle, que não são feitas ou causadas por nós. Preste muita atenção a elas, porque são incidentes com os quais devemos aprender.

Existem outros acontecimentos que são pessoais. Esses são os que causamos a nós mesmos. Preste muita atenção a eles também, porque são os que nos fazem crescer.

Eu aprendi, ao longo do anos, que minhas conclusões são verdades universais, não escritas ou decretadas por mim, mas que existem desde o início dos tempos.

Portanto, aqui está mais um fato:

A Terra está em transformação. Como sempre evoluiu ao longo de incontáveis séculos, está evoluindo agora. Da Idade da Pedra até a Era Espacial, a esfera terrestre progrediu vagarosamente, mas de uma maneira constante. No entanto, as mudanças estão acontecendo mais depressa agora. A Terra está pronta. O Universo está no controle, como sempre esteve e sempre estará.

Deus tem, sim, um plano. E a Terra é parte de Seu plano. O planeta está, no momento, preparando-se para assumir seu novo papel no Universo criado por Deus. E os espíritos que estão agora vivendo na Terra também são parte deste plano.

Foi isso que aprendi e é o que quero compartilhar com você. De acordo com Emmanuel, essa é a minha visão e tudo o que estou noticiando para você será visto através das lentes da mudança, evolução e ordem.

Isso é parte do plano de Deus:

A Terra está se preparando para assumir um novo papel no Universo criado por Deus.

Isso é parte do plano de Deus:

Os espíritos que vivem na vibração terrestre também vão mudar.

Isso é parte do plano de Deus:

Isso é o que aprendi. Isso é o que eu quis compartilhar com você. Isso, de acordo com Emmanuel, é a minha "visão".

Onde nós – você, eu e inúmeros espíritos espalhados ao redor do Universo – nos encaixamos nisso tudo?

Bom, é como eu sempre dizia na Terra: fique ligado.

O grande espetáculo começou e, juntos, vamos descobrir do que se trata.

***Ed, a postos para a transmissão do Outro Lado da Vida.***

A SEGUIR... O ESPETÁCULO COMEÇOU...

## Capítulo Três

# Abrem-se as Cortinas e Começa o Espetáculo

*"O homem não pode conservar-se indefinidamente na ignorância, porque tem de atingir a finalidade que a Providência lhe assinou. Ele se instrui pela força das coisas. As revoluções morais, como as revoluções sociais, se infiltram nas ideias pouco a pouco; germinam durante séculos; depois, irrompem subitamente e produzem o desmoronamento do carunchoso edifício do passado, que deixou de estar em harmonia com as necessidades novas e com as novas aspirações."*

**O LIVRO DOS ESPÍRITOS, ALLAN KARDEC**

Existem dias, na mente de algumas pessoas, que marcam um início ou um fim.

**O dia em que a Segunda Guerra Mundial acabou.**

Alguns dizem que isso mudou o planeta para sempre. A democracia triunfou sobre o facismo, o mundo se dividiu em Ocidente contra o Oriente, nós descobrimos os horrores do Holocausto empurrando o mundo para uma nova moral. A mudança, como muitos desejaram, começa aqui. De certa forma, foi o que aconteceu.

**O dia em que o homem pisou na Lua.**

Vimos o planeta com uma grande bola suspensa na escuridão do vácuo espacial. A raça humana esperava ter encontrado uma forma de viver em harmonia. A mudança estava acontecendo, o homem tinha esperanças. Mais um passo à frente, os seres humanos queriam alcançar além de seus próprios limites. E assim aconteceu.

**O 11 de Setembro.**

O mundo testemunha a reação do fanatismo religioso contra a opressão política, econômica e cultural. Muitos profetizaram que o mundo nunca mais seria o mesmo. Isso também é verdade. As reações provocaram rapidamente uma cadeia de eventos, transmitida por uma mídia nova e instantânea chamada Internet, alcançando quase todo ser humano no planeta em uma questão de milésimos de segundo.

Na minha opinião, porém, não houve um dia especial ou uma época em que as mudanças na Terra começaram. Não existe uma grande e especial virada nas nossas vidas ou na vida do planeta. Como eu explicava no início desta matéria, "revoluções morais, como as revoluções sociais, se infiltram nas ideias pouco a pouco", e as mudanças que se desdobram na Terra foram construídas "pouco a pouco" sem dar sinais específicos de um simples acontecimento, dia, decisão ou hora.

Desta vez, o planeta está se preparando para uma Nova Era. O momento chegou e o material que será usado nessa construção já está no lugar. Canais ultrarrápidos de comunicações trazem aos homens e mulheres um acesso virtualmente ilimitado à informação, enquanto os laços culturais e a sociedade estão se dissolvendo, levando o planeta para uma única saída: a mudança.

O Universo esteve preparado para esse momento muito antes de qualquer ser vivo hoje na Terra sequer ter nascido; as engrenagens da criação estão vagarosamente se alinhando para chegar na posição em que tudo se encaixa como num clique.

Nas matérias e entrevistas que estão a seguir, você verá por que e como – mas como sempre, é você quem reagirá, aprenderá e se desenvolverá. Afinal, a mudança depende de você. Os eventos não estão fora de controle, o planeta não está em desabalada carreira para a perdição total; a Terra é apenas um plano de existência em transição.

Agora, a responsabilidade de cada espírito individualmente é maior do que jamais foi; é você quem tem de refletir nas dramáticas mudanças que estão sendo despejadas no seu caminho. Você está sendo envolvido em uma grande transformação e, apenas mudando atitudes e seu comportamento, você pode fazer parte disso – em vez de ficar para trás. Acredite se quiser, você está pronto, porque você está vivendo na escola terrestre nos dias de hoje.

Como eu já disse antes, a mudança é constante; é tão inevitável como o nascer do sol marcando o início de um novo dia. E a Terra esteve em constante evolução desde o momento em que surgiu no Universo.

No entanto, as mudanças são diferentes nos tempos que se aproximam; é mais ou menos como uma revolução. Uma troca fundamental está acontecendo porque o planeta está a ponto de modificar seu lugar na ordem do Universo. O plano de Deus para o progresso, transformação e evolução se manifesta a cada dia. Sua promessa de progresso está sendo mantida.

Do lado de cá, sigo em frente com meu papel de repórter, oferecendo informação; não apenas pela informação, mas para seu progresso na estrada da evolução.

Você pode começar agora mesmo.

Leia os jornais, assista à TV, navegue na Internet. Você tem à sua disposição, como nunca antes, acesso instantâneo a quase qualquer pessoa em qualquer lugar do globo terrestre. Esse acesso à informação não é por acaso; ele é para ser usado.

Bancos estão falindo; companhias multinacionais cheias de prestígio estão saindo do mercado, milhões de pessoas ao redor do mundo estão perdendo seus empregos, suas economias e seus futuros.

Os níveis dos oceanos estão se elevando, os padrões do tempo estão mudando, as calotas polares estão derretendo, ilhas estão desaparecendo.

As barreiras culturais, raciais, econômicas e sexuais estão desmoronando.

Por quê?

O que levou o mundo a isso?

Qual é a razão disso tudo?

Correndo o risco de parecer repetitivo (o que vou fazer intencionalmente durante estas matérias), deixe-me dizer mais uma vez: existe uma razão e essa razão é como se fosse um empurrão do Universo para a mudança.

Todos os dias acontecem coisas. Algumas grandes, algumas pequenas, mas todas são importantes. Como eu já disse, existem situações que estão fora do seu controle. Preste muita atenção a elas, porque essas são aquelas com as quais nós aprendemos. As transformações acontecendo neste exato momento na Terra estão fora do seu controle; elas são apoiadas pela força que chamamos Deus. Observe. Aprenda. Adapte-se. Reflita.

E mais uma vez: existem situações que nós causamos a nós mesmos; preste muita atenção a elas, porque são com elas que evoluímos.

As inúmeras provações que giram em volta do planeta agora mesmo parecem estar fora do seu controle. Elas estão. E essas provações afetaram ou vão afetar sua vida. É parte do plano que só tenhamos a mínima compreensão possível desses eventos.

Nós vamos observar esses eventos mais de perto e tentar entendê-los, para oferecer aqui o que eu espero que seja essa "mínima compreensão possível".

Em breve, eu vou falar diretamente com inúmeros "monitores" – espíritos que hoje observam o planeta em que já viveram.

Alguns são famosos, outros não. Eles têm ao menos uma coisa em comum: usam o conhecimento adquirido aqui para ajudar a Terra e você pela estrada da iluminação.

Monitores não interferem, eles observam.

Monitores não determinam, eles reportam.

Monitores não julgam, eles interpretam.

Eles vão reportar a você, interpretar para você e responder a suas perguntas. Eles, juntamente comigo, vão construir o que terá "a mínima compreensão possível". Entretanto, cabe a você saber usar esta informação.

O planeta está pronto e segue seu caminho. O Universo está enviando oportunidades espetaculares para aprendizado e crescimento. Agora é com você. Mesmo enquanto estou escrevendo, você está vivenciando as mudanças, sentindo as transformações. Este é realmente um momento singular na história.

**Ed, *enviado especial do Outro Lado da Vida.***

A SEGUIR... A FORÇA ESTÁ COM VOCÊ...

# Capítulo Quatro

# *Há uma Razão*

*"Aqueles que se apegam às glórias do passado e sacrificam as possibilidades da alegria atual aos entraves do passado apenas entrarão na Nova Era em luta consigo mesmos.*

*Aqueles que estiveram na vanguarda do passado são frequentemente deixados para trás, quando a Nova Era surge no horizonte."*

**J. J. DEWEY, ESCRITOR DA NOVA ERA**

Esta manchete apareceu na Internet e em diversos jornais ao redor do mundo em 8 de dezembro de 2008:

**"Estranha energia negra não deixa galáxia engordar"**

O artigo é sobre uma força que cientistas haviam descoberto há mais de 20 anos, mas que só agora entendiam o que ela faz. Essa "energia negra", como foi chamada, mantinha o Universo na linha. Físicos e astrônomos anunciaram, há muito tempo, que o Universo está em constante expansão; essa força age como se estivesse ordenando esse crescimento. Sem esse controle, planetas, asteroides, estrelas e galáxias que eles compõem, por meio da gravidade, continuariam sempre crescendo, "acabando com o espaço ao redor deles". Pode-se dizer que se trata de uma força antigravidade.

Tudo isso pode soar confuso, mas na realidade a descoberta dessa força é apenas mais uma prova da existência de Deus, Jeová, do Criador, da Força, do Espírito Universal, seja qual for o nome escolhido. São todos o mesmo; existe um controle e uma inteligência que nos protegem.

Para esta primeira reportagem, eu encontro um espírito chamado Robert, um físico brilhante e famoso enquanto esteve na Terra. Ele também é um monitor, um especialista em energia e, pelo menos até onde já conseguiu evoluir, um especialista no Universo.

"O que está acontecendo, na realidade é bem simples: a harmonia e ordem da criação estão sendo mantidas por marcadores e pontos de equilíbrio. Você não pode simplesmente ter galáxias expandindo-se, ocupando todo o espaço entre os infinitos mundos do Universo. Seria o caos."

"Mas, por outro lado, o Universo está sempre, a cada segundo do dia, em expansão. Essa estranha 'força negra' ajuda a manter o processo funcionando de forma tranquila".

Durante sua mais recente encarnação, Robert foi um dos cientistas responsáveis pela construção da bomba atômica, e uma das muitas coisas que escreveu jamais saiu da minha mente: "Ninguém deveria sair de nossas universidades sem ter conhecimento do quão pouco se sabe".

Eu o relembrei dessa frase. Ele riu e me pediu um favor:

"Eu gostaria de modificá-la um pouco. Vamos mudar algumas palavras e dizer: 'Ninguém deveria morrer sem saber o quão pouco se sabe'. Isso torna a adaptação à vida do lado de cá muito mais fácil".

Ele admite espontaneamente que muitas verdades estavam fora de seu alcance porque ele não estava pronto para compreendê-las. "Agora que posso entender aquelas, estou ciente de que existem muitas mais. No entanto, vi o suficiente e aprendi bastante para saber o quanto eu não sabia, o quanto compreendo agora, e o tamanho do mistério que ainda permanece oculto."

Robert é um espírito de modos precisos e calculados; seu rosto possui linhas agudas, angulares, cabelo cinza aparado, corpo alto, compacto, nenhuma energia desperdiçada em devaneios, discursos ou excesso de movimentos.

Seu ambiente espiritual reflete sua personalidade; escasso, asseado e compacto. Uma mesa de café simples nos separa enquanto conversamos.

O cientista delineou, numa versão para leigos, a teoria por trás da bomba atômica. "É chamado de reação em cadeia: um evento dispara outro que dispara mais um e o seguinte dispara o seguinte. Nós aprendemos como controlar essa reação em cadeia. Mas o que nós não sabíamos na época é como a vida funciona. Um evento dispara outro, que dispara outro, e outro e mais outro.

E tudo também está sob controle. A única variável é como as pessoas – ou espíritos – reagem. Porém, assim é a vida, situações criadas por nós, por nosso intermédio, que nós originamos. Para o Universo, aplicam-se regras diferentes. É um jogo diferente, porque não existem variáveis e nada é deixado ao acaso. Existem muitas 'estranhas forças negras' por aí, garantindo que tudo funcione tranquilamente, mantendo a criação em equilíbrio."

"Nós", o monitor encolheu os ombros, "somos quem estragamos tudo".

Um sorriso malandro tomou conta de seus lábios.

"Vou dizer uma coisa que vai deixar muita gente furiosa; ou eles não vão acreditar ou não vão entender. É justamente o oposto de tudo aquilo que já imaginamos."

Robert preparava o terreno para algum tipo de pronunciamento dramático, então achei melhor não interromper. Como costumamos dizer na TV, deixei a câmera gravando.

"Tem a ver com o livre-arbítrio. Quando os espíritos desistirem dele, vão alcançar seu destino de perfeição e unidade com a criação. Eles terão completado um ciclo de evolução. Vão estar um passo – um passo gigante – mais perto de Deus."

Eu imediatamente me lembrei do aviso dado por Emmanuel: alguém teria algo importante para dizer sobre o livre-arbítrio. Ele me alertou para prestar muita atenção, porque o espírito estaria falando a verdade.

Portanto, nenhuma pergunta foi formulada; optei por deixar suas palavras flutuando no ar, entre nós. Eu também sempre acreditei que o livre-arbítrio – nosso poder de escolha – era o maior presente de Deus. Agora, sentado em frente a mim estava um espírito dizendo que devia desistir dele.

Robert riu, contando que já esperava por essa minha reação. "Foi a mesma coisa quando começamos a falar sobre átomos no começos dos anos 1930. Os políticos a quem tentávamos vender o projeto sequer sabiam o que dizer. Pode imaginar a cena, um político de boca calada?"

Antes que eu pudesse dizer qualquer coisa, ele gracejou: "Estamos na mesma situação; um jornalista que não sabe o que dizer".

Eu me recuperei rapidamente e o desafiei.

"O que você está dizendo vai contra tudo aquilo que aprendemos. Os espíritos são únicos dentre a criação porque Deus nos deu o poder de escolher nosso caminho. Está tentando dizer que temos de desistir disso, deixar nossas escolhas ser feita por outros, seguir regras alheias, normas morais de outros? Por que então viver, por que encarnar? Seria mais fácil usar o piloto automático."

"Você está certo, somos únicos porque podemos escolher, reagir e raciocinar. Temos este poder, inspirado por Deus porque Ele nos fez à sua imagem e semelhança. E usamos esse poder de escolha para crescer e evoluir. Nós jamais teríamos progredido tanto sem o livre-arbítrio. Isso é um fato", admitiu. Mas Robert acrescentou enfaticamente: "Não estou, sequer por um segundo, defendendo a obediência cega a qualquer religião, fé ou crença. Estou falando sobre seguir uma coisa completamente diferente. Estou falando de seguir a si mesmo".

Eu confesso... estou confuso. Até certo ponto, Robert diz que devemos jogar nosso livre-arbítrio janela afora, e logo depois de tomar novo fôlego, ele diz que devemos seguir a nós mesmos. Sem subterfúgios, deixei isso claro.

E sem subterfúgios, ele respondeu:

"Chegou a hora, é o momento para todos que podem compreender para agir; não seguir, conformar-se ou obedecer, mas ser! Quando um espírito é desenvolvido, não há nenhuma necessidade de escolher; ele sabe. Quando um espírito percebe que ele é uma parte vital, importante do Universo, ele compreende que somos unidos um ao outro. Quando isso acontece, um espírito já não precisa escolher. O espírito pode finalmente agir a partir da sua verdade interior e não reagir pelo que ele quer, seus desejos, seu ego e seus medos. Ele deixará alegremente essas vibrações para trás.

Uma pedra sempre será uma pedra; uma rocha sempre será uma rocha. Entretanto, com o espírito, as possibilidades são infinitas. Confie no Universo, confie nas forças que mantêm seguro o desconhecido. Quando você age dessa forma, passa a confiar em si mesmo. Somos maiores que nossa ambição, maiores que nossa cobiça e, acima de tudo, maiores que nossos medos. Confie na força interior porque ela é maior que o mundo. Olhe para a harmonia no Universo e procure a harmonia em si mesmo. Ela está aí, porque veio de Deus."

O monitor então recordou a história do Jardim do Éden.

"Adão e Eva", sorriu ele, "o primeiro feliz casal a andar sobre a face da Terra. Eles não foram chutados para fora do Paraíso porque desobedeceram a Deus. Quem se importa com uma maçã? Eles foram expulsos porque não estavam prontos para viver lá. Eles usavam seu livre-arbítrio e, no Éden, um Paraíso, o livre-arbítrio não era necessário. O Jardim do Éden tinha uma vibração harmoniosa; o casal em lua de mel não se encaixava ali".

A voz de Robert mudou subitamente, assumindo um tom mais sério.

"E a história está prestes a se repetir. Na Terra. A energia do planeta está seguindo seu curso e aqueles que não estão prontos, ou que não querem mudar, vão ter de começar a frequentar algum outro lugar."

Sua mão fez um gesto de corte em frente a sua garganta, sinalizando que a entrevista estava encerrada. "Não gosto de me repetir. Acho que já disse o que tinha de dizer. A coisa pode ficar feia, mas acredite: existem forças por trás dessas mudanças e nada está fora de controle. O planeta está alterando suas vibrações. Agora mesmo, não amanhã, nem daqui a dez anos."

Robert partiu e fui deixado sozinho com suas palavras ecoando em meus pensamentos. Gostaria de expor esses pensamentos para seu conhecimento.

A Terra tem seu lugar no plano cósmico. Pense sobre quando você sente que sua vida está fora de controle.

Reflita na "estranha força negra", enquanto seu mundo parece estar indo direto para o abismo.

Pense nessa "estranha força negra" monitorando o tamanho de milhões de galáxias que se rotacionam por todo o Universo. Essa força é um fato científico. Não se trata de uma teoria esotérica ou descabida.

Nada acontece por acaso; as mudanças pelas quais seu mundo vai passar acontecem por uma razão e essa razão faz parte de um plano cósmico.

O livre-arbítrio foi, e ainda é, um presente maravilhoso e poderoso. Ele nos trouxe, como disse Robert, ao estágio em que estamos hoje. No entanto, as vibrações estão mudando. Sua vida está mudando. Reflita. Pense. Leve o tempo que precisar para entender. Agora, quando a hora da verdade está chegando, confie na força à nossa volta e olhe para a sua força interior.

A escolha é sua.

***Ed, direto do Outro Lado da Vida.***

A SEGUIR... DINHEIRO É ENERGIA...

Capítulo Cinco

# *Dinheiro é Energia, Mas Não a Única Energia*

*"Conceitos humanos como religião, ideologia e economia vão desaparecer, e em seu lugar ficarão o compartilhamento, a honestidade, a compaixão e a amizade.*

*Assim, enquanto o mercado de ações desmorona e todos preveem a perdição e o desespero, procure por aquele espaço sagrado dentro de você que está assistindo a tudo isso, aquele espaço que nunca muda. Você não é seu dinheiro, seu saldo, suas dívidas.*

*Economias vêm e vão. A presença dentro de você é eterna."*

**ANÔNIMO**

*"O sistema bancário moderno fabrica dinheiro do nada. O processo é talvez a mais incrível forma já inventada de ilusionismo. O banco foi concebido na iniquidade e nasceu no pecado... mas, se vocês querem continuar a ser escravos de banqueiros e pagar o preço de sua própria*

*escravidão, então deixem que os banqueiros continuem a criar dinheiro e controlar o crédito."*

## JOSIAH CHARLES STAMP

**"Japão revela ajuda econômica, governo da Bélgica entra em crise"**

Manchete na Internet, a matéria conta como o governo japonês está injetando mais dinheiro na economia nacional enquanto o desemprego cresce e como o governo belga se desmantelou por causa de um plano econômico que não funcionou.

### Quem é Josiah Charles Stamp?

Ele era um banqueiro, diretor do Banco da Inglaterra, e está do lado de cá desde 1941. Ele também é um monitor.

"Saí bem na hora", brinca ele. "A Segunda Guerra Mundial bagunçou tudo." Quis entrevistá-lo porque, durante um período, Stamp foi o segundo homem mais rico da Inglaterra e, se já houve um homem capaz de entender o dinheiro, era ele.

Ele não parece um banqueiro. Stamp não é alto e elegante, ele é até bem baixinho e atarracado. O que sobrou de seus cabelos castanhos ondulados mal se mantém, e seu bigode bem que podia ser aparado.

Porém, o que o faz ser diferente dos outros é sua personalidade. Ao contrário da maioria dos homens que uma vez já tiveram uma imagem pública, Stamp não é do tipo que pensa antes de falar. Não existe a menor cautela, nenhuma frase deliberadamente ponderada em seu discurso. Ele é seco e direto.

Conversamos no lugar em que ele chama de sua sala de estar; há uma enorme lareira crepitando ao fundo. "Gosto de manter a ilusão de que ainda estou na Grã-Bretanha. Você sabe o que dizem: sempre haverá uma Inglaterra".

"Eu brinquei sobre sair da Terra antes que a Segunda Guerra acabasse, porque tive um pressentimento da encrenca que iria começar naquela época", piscou ele. "Melhor assistir do lado de cá, sem se envolver, sem levar a culpa."

Stamp explicou que havia muito dinheiro em circulação quando a guerra acabou; os países esgotaram seus tesouros nacionais para "explodirem-se uns aos outros" e agora estavam falidos. Não apenas os perdedores, como Alemanha, Itália e Japão; os ganhadores estavam sem dinheiro também. A Inglaterra estava quebrada, a Rússia mal podia alimentar seu povo, e os Estados Unidos mantinham presença militar em todos os cantos do mundo.

"Espere um minuto", intervim, "os historiadores dizem que o melhor momento para a prosperidade da América foi no pós-guerra e foi justamente quando o assim chamado império americano foi formado".

"Os governos estavam falidos, não os bancos. Durante os anos da guerra, os bancos arrecadaram seu dinheiro pelo mundo afora; quem ganhou ou perdeu não fazia a menor diferença para eles. As verdinhas tinham de se movimentar. O dinheiro não serve para ficar em cofres, ele é como energia, precisa se movimentar. Sendo assim, os mais espertos começaram a emprestá-lo, em enormes quantias, para qualquer Zé Mané que pedisse. Francamente, o dinheiro não se importa com a maneira que ele se movimenta. A Segunda Guerra Mundial foi o máximo para os bancos. Eles acumularam uma bela energia."

Stamp me disse para esquecer tudo o que eu sabia sobre dinheiro até então. "Venho tratando disso há um bom tempo, daqui deste lado mesmo, e estou bem certo de que sei do que estou falando."

O banqueiro que agora era monitor sabe que falei com Robert.

"Gostei que tenha falado com ele antes de mim. Ele é um verdadeiro perito em energias. Eu já lhe disse: dinheiro é energia; uma energia burra, na verdade, mas como toda energia, ela também tem sua força contrária, que a mantém sob controle. Uma coisa maravilhosa, este Universo", refletiu ele.

"O que está acontecendo na Terra agora", continuou, "nada mais é do que a consequência do que foi se acumulando ao longo de anos: pessoas abusando dessa energia chamada dinheiro. Agora chegou o momento que isso vai ser levado à forra".

Ele andou até o que parecia ser um quadro-negro e rabiscou três grandes letras: A, B e C. Ele me disse que ia simplificar, porque, na verdade, "era tudo muito fácil".

"Existem três pessoas, A, B e C. O fulano A chega a um *resort* no Caribe para passar uma semana de férias. Ele põe nada menos do que 10 mil dólares sobre o balcão da entrada. O hotel pega o dinheiro dele e o fulano A vai para seu quarto."

Um sorriso se abriu no rosto do espírito.

"Ele está tentando chegar a alguma conclusão", disse a mim mesmo, "e eu acho que sei qual é".

"O sujeito B faz a mesma coisa. Assim como o C. Eles simplesmente empilham as notas sobre o balcão, 10 mil dólares, e começam suas férias."

Não era o que eu pensava. Tinha certeza de que ele ia pregar sobre os malignos cartões de crédito; o uso do dinheiro, ou de energia, que sequer existe.

Lendo meus pensamentos, Stamp sacudiu a cabeça com veemência.

"Meu caro amigo, do jeito que as coisas são na Terra, aqueles 10 mil dólares em dinheiro também não existem. É papel, nada mais do que um símbolo de energia de faz-de-conta, mas não é o que eu quero esclarecer, ainda."

"O hotel realmente não se importa com a origem dessa energia", continuou ele. "Os 10 mil dólares que recebeu de A são os mesmos que recebeu de B e de C. O hotel passa essa energia adiante; pagando contas, salários, e o que sobra entra como lucro e assim por diante. Todo mundo está feliz."

Então ele fez uma pausa e me olhou direto nos olhos. Um sorriso humilde se abriu em seus lábios, enquanto ele se preparava para chegar à sua conclusão.

"Mas existe uma diferença em como A, B e C conseguiram essa energia", disse, "e esta é uma das razões para todo o maldito planeta estar completamente insano".

"Energia", enfatizou, "tudo tem a ver com energia".

"Você não pode falsificá-la, você não pode ganhá-la nem pode roubá-la, por mais que você tente. Às vezes funciona por um tempo, mas isso cria um vácuo que acaba sugando tudo o que estiver ao redor."

Confessei a Stamp que não estava conseguindo compreender, apesar de estar ouvindo atentamente cada palavra sua.

"Pois isso era de se esperar, meu garoto, porque o que estou dizendo é inerente ao que está acontecendo na Terra. No entanto, antes que eu prossiga, permita que eu lhe recorde: o Universo tem seu próprio sistema de checagem e equilíbrio, muito afastado do que se aplica na Terra. Lá embaixo, o bem e o mal podem existir, porque até agora são partes de um processo de aprendizado. Dinheiro, como uma forma de energia, pertence ao Universo; ele circula na Terra para fazer com que as engrenagens do mundo material se movimentem. De forma bem primitiva, na verdade."

"Para uma energia tão primitiva, o certo é que muita gente anda acumulando", retruquei.

Stamp concordou, mas quis voltar a A, B e C.

"Aqueles três caras arrecadaram seu dinheiro de formas diferentes", explicou. "O A era um assassino de aluguel e recebeu seu dinheiro, sua energia, por um crime. O B era um investidor. Ganhou seu dinheiro emprestando para outros e cobrando deles uma taxa pelo uso de sua 'energia'. E o C, bom, ele trabalhou durante toda a sua vida, economizou seu dinheiro ao longo de anos e, finalmente, tinha o suficiente disponível para tirar umas férias."

Olhei para o quadro negro. A, B e C.

"E", conclui, "não fez a menor diferença para o hotel; seus funcionários, seus fornecedores ou para os proprietários, a origem do dinheiro. Todo dinheiro é igual para eles."

Josiah encolheu os ombros.

"Mas fez diferença para o Universo. Lembra-se do controle e equilíbrio, da troca de energia que eu acabei de falar? De volta ao velho planeta Terra, o mal coexiste com o bem porque é como funciona aquele ambiente; os espíritos têm a oportunidade de escolher e ver os resultados de suas escolhas. Entretanto, existe uma pegadinha: a maldade não está nas mais altas vibrações da vida. O Universo está dando um novo passo porque chegou o momento de restabelecer a ordem. E, assim que o equilíbrio se retomar, a Terra progride."

O ex-banqueiro me informou que aquela entrevista estava encerrada.

"Espere um minuto. Eu quero saber sobre muitas outras coisas. Sobrou muito a ser esclarecido", respondi.

Stamp balançou a cabeça.

"Energia, meu camarada, energia", insistiu. "Essa é a regra do jogo. Até agora, num planeta como a Terra, fez muito pouca diferença a forma com que as pessoas usaram ou obtiveram essa energia chamada dinheiro. Mas as pessoas abusaram, deixaram de usar o dinheiro para 'fazer o mundo girar', para satisfazer suas ambições pessoais. Eles construíram incríveis castelos de areia para homenagear sua sede de poder e glória."

Josiah massageou seu queixo e sorriu.

"Os mais espertos colocaram nomes chiques na areia: títulos, derivados, hipotecas, debêntures, isso só para citar alguns. Mas, na realidade, eles falsificam tudo, espalhando uma falsa energia pelo mundo afora, tentando enganar a todos, mas na verdade só estão enganando a si mesmos. E zap! Você tem um vácuo que suga todo seu trabalho para um enorme abismo negro, quase como acontece quando se dá a descarga no banheiro – a areia escorre pelo vão de seus dedos."

"Lembre-se, o dinheiro é uma força, e para cada força existe controle e equilíbrio. Neste exato momento, está acontecendo um realinhamento dessas forças. Até agora, não importava realmente como a energia do dinheiro era distribuída. Não importava realmente como ela era adquirida e menos ainda como ela era gasta."

"Agora começou a importar", Stamp alertou, "porque o que era aceitável em uma vibração simplesmente não é admitida em outra. E isso, meu amigo," ele fez uma pausa dramática, "é o que está acontecendo. O equilíbrio está sendo restabelecido e a Terra está seguindo em frente".

"A Terra está mudando seu curso; sua vibração está mudando e seus velhos sistemas de energia estão sendo reajustados, limpos e harmonizados com os novos sistemas que surgem das cinzas dos anteriores. Isso se chama progressão dos mundos. A Terra está ganhando um *upgrade*, e novos sistemas estão sendo adotados. E isso é mesmo tudo o que eu tinha a dizer."

Então, com uma piscadela de cumplicidade, ele se despediu, mas não sem antes indicar alguns de seus amigos, "que eu tenho certeza de que você vai gostar de conhecer".

"Nossos espíritos são energia, o Universo é energia, a Terra é energia; existem forças trabalhando neste exato momento, recalibrando energia por toda a criação. É como deve ser."

***Ed, direto do Outro Lado da Vida.***

A SEGUIR... O PODER DO NADA...

## Capítulo Seis

# *Somos o que Somos*

*"O tumulto continuará pelo mundo. A sujeira cármica e as energias negativas estão sendo trazidas à superfície para limpeza. Tudo isto é apropriado porque os altos e baixos dos ciclos de Deus servem para nos despertar de nossos devaneios e sacudir nossos alicerces. Os baixos são tão importantes quanto os altos. Na verdade, são as experiências de baixa energia (desafios) que normalmente nos levam a toda uma nova mentalidade e consciência."*

**PATRICIA PEREIRA**

**Vendas no varejo despencam no fim do ano dos Estados Unidos**

WASHINGTON (AFP) – As vendas do período natalino no varejo despencaram nos Estados Unidos, de acordo com uma pesquisa, ao mesmo tempo em que o Japão anunciou cortes severos na produção e a Espanha dá mais sinais de que entrou em recessão. Uma importante consultoria de Londres previu que a economia britânica deve recuar 2,9 pontos percentuais no próximo ano, no que seria o maior recuo desde o fim da Segunda Guerra Mundial – enquanto as lojas distribuem altos descontos em seus preços, tentando salvar as vendas pós-Natal.

Joaquin morreu há quase cem anos. Ele possuía uma fazenda com criação de gado na Argentina e, seja lá em que moeda e em que época se faça uma estimativa de sua riqueza, pode-se dizer que ele morreu muito rico.

"Eu queria dinheiro, porque me trazia poder e o poder proporcionava controle. Meu objetivo de vida era ganhar o máximo de dinheiro que eu pudesse, para acumular o poder que eu desejava tanto. Meu pai me ensinou isso e eu transmiti aos meus filhos: um homem é o seu saldo bancário. Quanto mais valioso é o homem, maior é a sua conta, e quanto maior é a conta, mais valioso é o homem."

Joaquin morreu quando já estava velho, aos 83 anos, para ser exato. Para esta entrevista, nós nos sentamos numa varanda, tendo como vista um enorme vale verde. Joaquin está sentado de modo ereto em sua cadeira, com sua farta cabeleira branca dançando levemente sob a brisa que chega do vale.

"Quando cheguei aqui, fiquei surpreso. Nunca pensei muito sobre o que chamavam de vida depois da morte; religião para mim não tinha nenhuma importância, era só uma coleção de superstições carregada de contradições."

Ele riu e deu de ombros.

"Demorei um pouco para me acostumar a ficar por aqui. Não me adaptei muito bem no início."

O fazendeiro me disse que, na Terra, ele era mais do que um simples proprietário de uma grande fazenda argentina. "Eu era o poder. Não apenas parte da elite, eu era a elite", bufou ele. "Aqui, bom, a história aqui é bem outra."

Assim que fez sua passagem, ele que "era" a elite, viu que elite ali não significava nada. "É verdade o que se diz, sabe? Você não pode trazer nada com você para o lado de cá. Eu acho que, bem lá no fundo, eu achava que podia."

Como a maioria de nós, ele foi designado ao mesmo tipo de pessoal que lhe era comum na Terra: homens orgulhosos e cheios de si, cujo principal objetivo era o de impressionar a todos e qualquer um.

"Era patético", relembrou Joaquin. "Todos nós éramos patéticos. Eu era patético. Levou um bom tempo para que nós, eu e meus amigos...", ele tomou fôlego antes de dizer a próxima frase: "Levou um bom tempo para que eu visse como eu era vazio por dentro".

Eu estava prestes a descobrir por que o ex-banqueiro havia me mandado para essa entrevista com o fazendeiro da Argentina.

"Agora eu me sento aqui sozinho nesta minha varanda, observando esse mesmo vazio lá na Terra. É como se eu visse meu próprio reflexo; é o mesmo que olhar para um lago profundo de águas claras e ver a si mesmo devolvendo seu olhar na superfície. Vou lhe contar o que testemunhei", disse, enquanto sacudia a cabeça, fazendo seus cabelos compridos e brancos responderem ao movimento. Joaquin me lembrou a figura de um pregador mau humorado, pronto para iniciar seu sermão.

Ele estava mesmo mal-humorado. E logo começou um sermão.

"Vamos começar com essa engenhoca em que você trabalhou: a televisão. Um invento maravilhoso, é verdade, mas olha só em que se transformou. Pura superficialidade. Na verdade, ela transborda superficialidade e promove o vazio. As pessoas querem a vida refletida na tela da televisão: os ricos, os bonitos, a elite inalcançável. Além disso, para piorar as coisas, há aqueles que dizem que é saudável para as pessoas verem um mundo do qual elas não fazem parte; e assim despertar essa ânsia por mais e mais dinheiro. 'É bom para a economia', proclamam os especialistas. Bom, pode ser, mas é um gesto vazio, totalmente alienado, para a alma. Eu bem sei", suspirou ele.

"Já pensei", Joaquin esboçava um sorriso enquanto falava, "que quanto melhor o homem, mais dinheiro ele tem. Isso se tornou minha escala de valores. Os seres humanos sendo medidos pela marca que carregam nos fundos das calças, pelo jacarezinho bordado no peito e pelo veículo que usam para ir ao trabalho.

"Comprar, comprar e comprar. É sempre a mesma mensagem que se repete no mesmo tom, como o tiritar de uma metralhadora. E tem o mesmo efeito, não sabe? Mata a sua alma." E, continuou o espírito, contemplando cada palavra, "eu sei que o impulso por trás dessa febre pelo dinheiro... é o medo. Nós espíritos, ignorantes da nossa própria verdade interior, temos medo de não ser bons o bastante; perseguimos o dinheiro não para viver, sobreviver ou para nos divertir – nós queremos o dinheiro para mostrar ao mundo quem somos nós. Temos pavor de imaginar que não somos mais do que pequenos e impotentes grãos de areia no Universo; então corremos em busca da energia, achando que ela nos tornará poderosos.

"Estamos sempre espreitando por sobre nossos ombros, incomodados de nosso vizinho ou amigo que parece estar melhor do que a gente; então a gente se protege com essa casca fina que é o materialismo, tentando nos convencer de que somos importantes."

O velho voltou a balançar a cabeça. "Sei do que estou falando, porque eu era assim. E é isso que vejo refletido nesse lago profundo chamado Terra. Mas nos mesmos reflexos também vejo as ondas da mudança."

Joaquin prosseguiu, dizendo que a maioria das pessoas na Terra, não importa onde vivam, não se voltam para si mesmos e procuram por "valores, apenas medindo o que são pelo que conseguiram acumular a partir de fontes externas".

"Sou bem-sucedido porque tenho dois carros, duas casas, roupas de grife. As pessoas já usaram coisas para impressionar outras. Agora, usam coisas para impressionar a si mesmas. Elas confundem o que elas são com o que elas possuem."

Uma profunda tristeza emanou do espírito. Ele confessou: "Foi esse o legado que deixei para meus filhos. E foi assim que tratei todo ser humano com quem me relacionei durante meu período na Terra".

A tristeza de Joaquin logo se transformou em ódio. Suas pálpebras se cerraram enquanto ele me mostrava uma recente manchete de jornal da Terra.

### Funcionário do Walmart morre pisoteado por compradores

28 de novembro de 2008, às 9h54

Um funcionário morreu pisoteado por uma multidão descontrolada de compradores quando uma loja do Walmart abriu para a grande Sexta-feira de descontos, relataram autoridades.

"Um funcionário em uma loja de varejo foi morto, esmagado em pleno chão pelos pés de compradores. Era uma grande liquidação e ninguém queria perder o desconto de 50 mangos em sua nova TV. Centenas de pessoas pisaram sobre seu corpo", suspirou Joaquin. "Aqueles compradores eram gente como ele; gente da classe trabalhadora, homens e mulheres que lutam para pagar suas contas e alimentar suas famílias."

Novamente ele ficou em silêncio, seus olhos procurando o horizonte além do grande e verde vale diante de nós.

Finalmente ele falou: "Mas você sabe o que mais me irrita? O que me choca, de verdade? Há poucos anos atrás, houve uma tragédia ainda maior nos Estados Unidos. O chamado 11 de Setembro. A perda, a tragédia e o trauma da vibração desta nação puderam ser sentidos daqui. Eu senti, assim como todos os monitores da Terra sentiram. Sabe o que os políticos deles disseram? Sabe o que seus líderes morais e religiosos pregaram? 'Saiam de suas casas, vão às compras. Gastem seu dinheiro: é bom para a economia'".

"Por quê? Não podiam dizer que todos deviam se unir, como um país, como um povo? Agora é o momento de se esquecer sobre negros, brancos, amarelos, ricos, pobres, patrões e empregados. Vamos refletir sobre a causa de tudo isso. Vamos avaliar, juntos, e ver como poderemos fazer deste mundo um lugar sem ódio e sem medo."

O profeta mal-humorado se foi, o fervor de sua voz desapareceu. A tristeza estava de volta.

"Ninguém disse isso. Tudo o que puderam dizer foi 'vão às compras, gastem dinheiro, é bom para a economia'. E você sabe por quê?"

Sem nenhuma hesitação sequer, Joaquin respondeu sua própria pergunta.

"Superficialidade: não existe outra resposta. Dinheiro, comprar e gastar, nada disso resolve coisa alguma. Agora, enquanto eles se esvaziam completamente de seu dinheiro, quando ainda têm alguma energia para gastar e comprar, eles estão sendo forçados a ver a esterilidade de suas almas."

O monitor desviou o olhar do horizonte diretamente para os meus olhos.

"Chegou a hora de preencher essa casca vazia. Uma nova energia está se formando, porque o vácuo não pode existir para sempre. As escolhas devem ser feitas, como sempre, mas desta vez tudo vai ser diferente.

Serão dias difíceis os que estão por vir. Os homens se tornaram escravos de seus egos, de seu orgulho e de sua cobiça. Existem grandes lições a ser aprendidas com a conclusão dramática que está se aproximando. O homem finalmente poderá se libertar e preencher seu vazio, não com coisas materiais, mas com sua verdadeira essência. Mais uma vez, as escolhas terão de ser feitas."

***Ed, direto do Outro Lado da Vida.***

A SEGUIR... A PORTA APODRECEU E ESTÁ CAINDO AOS PEDAÇOS...

## Capítulo Sete

# Sem Solução Fácil

*"Todas as revoluções bem sucedidas foram um pontapé em uma porta podre."*

**JOHN KENNETH GALBRAITH**

*"As identificações mais comuns do ego estão relacionadas com o que você possui, o seu trabalho, sua posição social e reconhecimento, educação e cultura, aparência física, habilidades especiais, histórico pessoal e familiar, convicções pessoais e muito frequentemente políticas, nacionalistas, raciais, religiosas e outras identificações coletivas. Nada disso é você."*

**ECKHART TOLLE**

Estou sentado no escritório revestido de madeira de John. Estantes e mais estantes de livros cobrem as paredes, com exemplares que versam sobre todo e qualquer assunto que se possa imaginar. Exceto um: economia.

Achei estranho, uma vez que o espírito que estava diante de mim havia sido um respeitado economista durante sua última encarnação.

"Aqueles livros não são necessários aqui", disse, com um movimento de impaciência, quando perguntei sobre isso. "Eu quero ampliar meus horizontes e agora existem muitos novos horizontes pela frente."

Esse espírito estava bem inteirado do rápido desenvolvimento ocorrendo na Terra, gastando seus dias na filtragem de notícias – usando, claro, o conhecimento que havia adquirido sobre as leis universais e naturais.

John é um monitor, bem como todos os outros espíritos que entrevistei até agora.

"Sabe", confidenciou ele, "a maioria dos governantes da Terra fazem exatamente o que nós fazemos. Muitas das chamadas 'operações' são um exemplo simplório do que realizamos aqui. Os Estados Unidos, Inglaterra, Japão, Rússia, França, Arábia Saudita... quase todos os governos do mundo possuem 'monitores', só que lá são chamados de analistas. Essas pessoas passam seus dias separando o que interessa dos jornais, reportagens de rádio, programas de televisão, examinando e interpretando o que está acontecendo em outros países.

A CIA tem analistas latino-americanos, analistas russos, analistas do Oriente Médio, e assim por diante no restante do mundo. Eles são pagos para explicar o que está acontecendo em outros países e como o governo americano deve reagir."

Quando eu era um repórter na Terra, conhecia alguns desses analistas. Pensei em perguntar como era seu trabalho aqui, mas John se antecipou e me interrompeu.

"Não somos espiões", brincou ele, "nem tentamos influenciar nada. Além disso," disse, entre risos, "não somos pagos".

"Alguns de nós podem ter algum acesso aos planos do Universo. Tenho certeza de que já lhe disseram 1 milhão de vezes: o Universo está em constante evolução e a Terra é uma parte do Universo. E está mudando também. É uma lei natural. Sua energia é um movimento sempre avançando, no inalterável e inabalável progresso de cada planeta da Criação."

Ele adianta que vai falar sobre essas mudanças, mas "agora acho que é mais importante continuar o que os outros monitores falaram sobre dinheiro e energia. Então, vou revelar a causa espiritual que está por trás desses acontecimentos na Terra. No entanto, para que eu faça isso, todos devem entender como a relação entre energia e dinheiro foi terrivelmente distorcida".

A explicação seria tão rápida e simples quanto possível e ele foi logo se desculpando se seu discurso repetisse o que algum dos outros monitores disseram. "Tenha paciência comigo, isso é importante."

"Quando as pessoas se organizaram em culturas primitivas, começaram a trocar seus bens. Por exemplo, eu tenho dois cavalos, mas só preciso de um. No entanto, quero uma vaca. Então, simplesmente troco meu cavalo por uma vaca, uma energia em troca de outra."

"Ao passo que essas culturas primitivas progrediram", o monitor enfatizou o último verbo, "a ideia de trocar o cavalo pela vaca simplesmente foi descartada, porque comecei a construir coisas: ferramentas, potes e panelas. Eu pus energia naqueles produtos e quem quer que os desejasse teria de me dar energia em troca da que eu investi ali".

"E tcham!", gesticulou ele, abrindo os braços como num show de mágica. "O dinheiro nasceu. E quando comecei a produzir mais itens, passei a transferir parte da energia/dinheiro que me davam para aqueles que me ajudavam a fazer os potes e as panelas. A energia é distribuída e abre caminho em meio ao terreno inexplorado da sociedade em formação."

Ele prosseguiu, descrevendo como as sociedades começaram a se organizar; primeiro em regiões e depois em países, acumulando suas próprias energias. Apontou que algumas nações conquistaram mais dinheiro que outras, dando nomes diversos às suas energias, "francos, liras, marcos, dólares, libras; o dinheiro se tornou um símbolo da saúde e da energia de um país".

"Basicamente, foi isto: o dinheiro evoluiu como uma transferência de energia. E, basicamente, foi o que deu errado. A humanidade e as nações passaram a fabricar energia e o castelo de cartas desmoronou. As pessoas não estavam mais trocando uma vaca por um cavalo, estavam trocando papel por papel. Nada era produzido; nem a mais ínfima porção de energia repõe outro pouquinho sequer de energia.

As pessoas inventaram a energia. Ah, os mais espertos usam palavras bonitas: derivados, opções, mercado futuro, títulos, debêntures; tudo não passa de uma complicada trama para encobrir o óbvio: palavras de faz-de-conta construídas no nada.

Bilhões e bilhões desse vazio numerado foram passando de um país ao outro. Palavras chiques e manipulações ardilosas que nada criaram, construíram coisa alguma, nem acrescentaram nada a vida de ninguém. Foi divertido enquanto durou; governos, bancos, corporações e as pessoas comuns navegaram em um mar de superficialidade."

O economista fez uma pausa rápida para perguntar se estava claro tudo o que ele disse até então. Assenti e ele continuou, desculpando-se por saber que estava repetindo o que outros já haviam dito. "Agora, podemos ir em diante", disse ele, e começou a explicar as consequências desse "mar de superficialidade".

"Algumas pessoas usaram essa energia de faz-de-conta para construir vidas de faz-de-conta. O dinheiro não era usado para fazer o mundo girar. Ele agora era uma ferramenta, não para construir, educar ou aprimorar as vidas dos bilhões de habitantes do planeta. Mas se tornou uma ferramenta para se adquirir mais superficialidade. Posição social, poder, cobiça e egoísmo: todas essas vibrações invadiram e preencheram o vácuo criado pela energia oca do dinheiro. O que mais se pode esperar?"

Ele balançou a cabeça e tremeu seu corpo inteiro ao pensar no que estava agora acontecendo no plano terrestre.

"Todo o sistema financeiro desmoronou, porque seus alicerces cederam. Mas", acrescentou ele, "não é apenas esse sistema que está entrando em colapso, são os milhões de espíritos na Terra que se perderam no caminho da superficialidade. O que eles adoram agora é um santo do pau oco. Eles estão percebendo, da maneira mais difícil, que estavam adorando o vazio".

O monitor encolheu os ombros e abordou as consequências diretas disso tudo.

"A primeira coisa que eles precisam, na Terra, é repor esta energia. Não existe uma solução simples para resolver a questão."

John disse que lê as notícias que chegam da Terra todos os dias e os sinais não são nada encorajadores.

"Por todos os lugares, os preços estão caindo: o valor dos lares, carros, petróleo, ações, dividendos, até mesmo o valor do dinheiro está diminuindo. Neste exato momento, o mundo está em processo de definir valores, ou da energia real, por trás dos bens. Isso ainda vai levar um tempo. Agora, todos estão muito ocupados jogando a culpa uns nos outros."

Eu me lembrei do que ele me havia dito, quase no início desta matéria, como alguns monitores tinham a chance de dar uma espiadinha no futuro.

"Pode me dizer", pedi eu, "o que vai acontecer? As pessoas estão perdendo seus empregos, suas economias e suas perspectivas para o futuro. Existe esperança?".

Ele balançou a cabeça e esticou a mão para alcançar uma pilha de papéis no chão à sua frente.

"Deixe-me mostrar a você uma coisa, esta notícia chegou outro dia."

### Escândalo Madoff repercute pelo mundo

Por ADAM GELLER – Sábado, 20 de dezembro, 13h09

AP – NOVA YORK – em um tribunal federal em Manhattan, um mago de Wall Street se apresentou ante um juiz, acusado de coordenar fraude de 50 bilhões de dólares que vitimou grande número de investidores ricos e poderosos.

"Cinquenta bilhões de dólares", John estalou os dedos, "sumiram como fumaça. Difícil de acreditar. Entretanto, neste contexto, é fácil de entender. Esse sujeito, Madoff, não colocou uma arma na cabeça de ninguém obrigando quem quer que seja a investir com ele. O que era prometido era o lucro fácil. E, durante um tempo, esse lucro fácil foi exatamente o que ele proporcionou. Mas, na realidade, o que foi gerado foi o vazio: economias de uma vida inteira de trabalho sumiram como fumaça".

Balançando a cabeça, ele pegou outra notícia de sua pilha.

### Perspectiva de emprego sob severa tensão

28 de dezembro 2008, 17h20, IANS

## NOVA DELHI:

Serviços financeiros, tecnologia da informação, bens de consumo, setores do varejo e imobiliários testemunharam o pior declínio na geração de novos empregos por causa da desaceleração econômica, declarou uma importante analista de novos negócios.

"Sim, milhões e milhões vão sofrer. Mas além disso, ao mesmo tempo, milhões e milhões terão a oportunidade de aprender; de olhar o que passou e refletir sobre a bolha que eles mesmos criaram."

John franziu os lábios, pegando mais um boletim de notícias e comentando: "Não vai ser fácil".

**O secretário galês Paul Murphy alertou que o declínio econômico global "sem precedentes" precisará "de uma resposta abrangente" em 2009.**

O espírito disse que não queria ser rude, "mas eu tenho uma ideia sobre quais são as dúvidas brotando em sua cabeça". John me disse que ele iria direto às respostas.

*"Vai haver desemprego?*

Sim, em ondas seguidas por outras ondas."

*"As pessoas vão perder seus lares, seus investimentos?* Sim, um *tsunami* financeiro está se formando."

*"Vai haver sofrimento, desespero e dor?*

Infelizmente, sim. Quase ninguém escapará ileso dessa reviravolta traumática na vibração terrestre."

Ele disse que queria fazer o que me prometeu assim que nos sentamos ali, não tentando explicar as razões da causa – disse que estava na hora de explicar as razões da consequência.

"A porta apodreceu e vai cair", começou ele, "mas antes de desistir, todos têm de perceber o quão podre ela está. Todos têm de perceber as consequências da cobiça, do egoísmo e do orgulho. Quando a decadência está exposta, a mudança pode começar".

Ele sabia que suas palavras continham pouco conforto para os milhões de pessoas para quem ele falava.

"Esta é a esperança que posso oferecer; existe um plano e você, que está vivendo no planeta, agora é parte desse plano. Você que escolheu encarnar durante esta Era está mais preparado do que imagina para enfrentar os desafios que estão pela frente."

Achei que a entrevista estava encerrada, mas estava errado. John ainda tinha mais a dizer.

"Uma nova energia está chegando para preencher o vácuo da superficialidade. Esta nova energia é parte de um plano. Essencialmente, o que está por vir é algo grandioso, dramático, muito além de qualquer controle individual."

Ele sorriu e acenou com a cabeça, sugerindo que podíamos trocar de lugar a qualquer momento. "Você sabe o que vem depois disso."

"É um evento com o qual devemos aprender", respondi.

John assentiu e acrescentou: "Mas a superficialidade do espírito, aí já é outra coisa. Esse vazio só pode ser preenchido pelos próprios espíritos. Cabe apenas a eles, eles controlam isso".

Mais uma vez, ele queria que eu continuasse de onde ele parou.

"Está sob nosso controle. Vai servir para que cresçamos."

Eu compreendi. Espero que você também tenha compreendido.

O monitor alertou a todos os seres vivos no planeta para não prestarem atenção em políticos, economistas ou aos analistas que vão escrever longos relatórios e artigos em jornais ou às previsões superestimadas de pomposos comentaristas de TV.

"Eles lhe darão as razões terrestres para tudo isso: falta de regras, muitas limitações, mercados livres adaptando-se, altas taxas de importação e exportação. Não importa o que aconteça, todos eles terão suas versões das respostas, seus inimigos favoritos para culpar. Tudo bobagem. As razões estão além da compreensão deles."

John pediu aos humanos que tentem algo bem diferente.

"Ouça sua alma. Apenas você pode descobrir o vazio interior e apenas você pode preencher esse vazio. Você pode se tornar amargo e seu vazio será preenchido com ódio. Você pode se ressentir e o ressentimento tomará conta de você. É você quem decide."

John sabe que suas palavras, sendo certas e verdadeiras, mal servem para consolar uma família que perdeu seu lar, um pai desempregado ou uma mãe cujos filhos não conseguem arrumar trabalho.

Ele me diz para procurar por Geraldo. "Ele não é um monitor, nem um analista, muito menos um guia ou mentor", disse, com uma piscadela. "Geraldo é só um sujeito comum."

Mas, agora, quem não estava pronto para sair dali era eu. Tinha mais uma pergunta a fazer. "Todo o sistema está morrendo? O mundo capitalista vai acabar?"

Ele riu gostosamente, deixando seus olhos quase sumirem por entre as pálpebras.

"O capitalismo não pode morrer porque nunca esteve vivo. Nem o comunismo, os dois sistemas jamais nasceram. Já disse uma vez, enquanto vivia na Terra, que o capitalismo era um sistema em que o homem explorava o homem. Depois acrescentei que, no comunismo, era apenas um caminho inverso. Ambos os sistemas fizeram sobreviver seus objetivos, mas entraram em colapso e jamais deram em nada. Uma nova energia, para um tempo diferente, está lentamente preenchendo o vazio."

***Ed, direto do Outro Lado da Vida.***

A SEGUIR... ENFRENTANDO A PERDA...

# Capítulo Oito

# Geraldo

*"A maioria dos humanos vivem num desespero silencioso, ou nem tão silencioso assim. Eles estão apavorados e confusos. Isso porque já não têm mais em que confiar. Seu mundo está se modificando tão rapidamente que encontrar qualquer coisa que lhes dê alguma segurança está se tornando impossível."*

**CANÇÕES ARTURIANAS DOS MESTRES DA LUZ,**

**PATRICIA L. PEREIRA**

**John descreveu Geraldo como "um sujeito comum".**

Se a aparência é o que conta, ele é mesmo. Geraldo tem mais ou menos 1,80 metro, pesa uns 75 quilos e exibe cabelos ondulados bem brancos; não grisalhos, brancos. Tem uma aparência agradável, mas o que me chamou a atenção foram seus olhos. Eram castanhos-escuros e impressionantemente vivos. Imediatamente notei que ele está ansioso para falar e, decido, lhe abri espaço para uma entrevista.

Nós nos encontramos em um bar. Essa é a melhor maneira de descrever aquele lugar. Esse bar não é do tipo que serve álcool ou outros destilados; mas o lugar reúne espíritos de diversos estilos que conversam entre si e compartilham suas experiências. Geraldo começou sua conversa comigo.

"Acho que fui uma espécie de presságio para o que está para acontecer", ele recordou, entre risos. "Perdi tudo o que eu tinha. Tudo mesmo: planos para o futuro, o sonho da aposentadoria tranquila, tudo pelo que trabalhei por toda a minha vida. Trinta anos lutando pra conseguir, quatro anos vendo tudo ir embora.

Tentei de todo jeito segurar casas, apartamentos, poupanças e fundos de pensão, mas era o mesmo que tentar usar uma peneira para armazenar água. Pensei até em me suicidar, tal foi meu sofrimento; fui totalmente sufocado e dominado pela dor e pelo medo."

**Uma importante ressalva:** Geraldo morreu de causas naturais, aos 79 anos.

O espírito começou a me descrever como "a bola de neve, descendo montanha abaixo transformou-se em avalanche", destruindo tudo pelo caminho.

"Perdi meu emprego quando completei 54 anos. Trabalhei por 27 anos em uma mesma empresa. Mesmo patrão, mesma rotina, mesmos problemas; pensando bem, hoje percebo que era a única pessoa que não viu que era hora de mudar."

"Mas, quando aconteceu", admitiu ele, "tive alguns maus pensamentos e sentimentos nada nobres, se quer saber. Fiquei arrasado. Estava perdido. Mal sabia o que havia acontecido ou para onde estava indo. E, com o passar dos dias, descobri que nem sabia quem eu era".

Geraldo me contou que abriu seu próprio negócio. E faliu.

"Perdi meu fundo de pensão, meu seguro de vida, alguns apartamentos que havia comprado e minha casa. Tudo se foi.

Estava desempregado por quase quatro anos, preso num verdadeiro abismo negro de negócios que sugava minha vida e meus sonhos para o vácuo. Vi como aquilo acabou com a vida e o brilho de minha esposa e fiquei lá parado, sem poder sequer erguer um dedo, pois já não tinha nenhuma esperança. E quando perdi a esperança, eu estava mesmo totalmente perdido."

O espírito encolheu os ombros, dizendo que se sentiu sem nenhum poder, vendo a bola de neve crescendo e ganhando velocidade enquanto rolava a montanha.

É óbvio para mim que esse espírito há muito tempo superou sua dor. "Não foi fácil, mas finalmente a dor foi diminuindo, eu não poderia ir adiante, a menos que a dor se fosse", e ele agora queria compartilhar os eventos que tomaram forma durante sua última encarnação na Terra.

"Eu sei que é por isso que está aqui", disse ele. "John acha que eu posso ajudar muita gente na Terra com uma ou duas palavras sobre mim. Vamos tentar."

Concordei.

"John me disse que seria interessante entrevistar você. Já entendi por quê."

"O problema é que não tenho a menor ideia de por onde começar", confessou. "Foi tanta coisa pela qual passamos, eu e minha família. Fomos expostos a situações e circunstâncias que jamais havia imaginado. É muita coisa para contar."

Esta é provavelmente a mais importante das entrevistas que farei do lado de cá da vida. A história dele, eu senti, é a de milhões de espíritos vivendo na Terra neste exato momento. Nós dois sabemos que é essencial começá-la direito.

Não iria servir de nada se deixasse Geraldo divagar sobre as razões e os detalhes. Senti que o que ele sentia, ou seja, suas emoções e reações ao que havia enfrentado eram muito mais importantes.

Tive uma ideia e ele concordou imediatamente.

Começaríamos no estilo "tópicos"; eu lhe daria um tema e deixaria que ele discorresse a respeito.

"Vamos direto ao que os espíritos na Terra estão enfrentando agora. Sem rodeios", pedi.

"O que eu perdi e como perdi não vem ao caso", ele assentiu. "O que aprendi e como fui ensinado é importante porque é aí onde encontramos o consolo – e do consolo é que virá a esperança."

Estávamos prontos para começar. Anunciei o primeiro "tópico":

## VOCÊ ESTÁ DEMITIDO

"Logo de cara, verá que eu não estou falando apenas do declínio financeiro. A maioria, na Terra, comete um enorme erro: nós nos tornamos nossos trabalhos. Nossa identidade, autoestima, orgulho próprio e ego, toda a essência do que somos é sobreposta com o que fazemos. Quando o trabalho se vai, ficamos completamente perdidos porque nossa base emocional e psicológica nos é arrancada."

"Como você enfrentou isso?", eu me intrometi. "O que você pode dizer às pessoas que estão passando agora por essa situação?"

Geraldo suspirou profundamente antes de dizer qualquer coisa. Ficou claro que ele estava esperando por esta pergunta.

"Todos devem entender que somos mais do que pensamos ser. Eu sei como isso é difícil; constantemente e incessantemente, depois que fui demitido, fiz um retrospecto do que eu costumava ser: a posição social, o *status*, o dinheiro. De repente, tudo se foi sem nenhuma chance de voltar, foi adeus e boa sorte.

Comecei a pensar que eu estava acabado também. Eu era religioso, tinha fé, acreditava em uma alma imortal. Entretanto, esqueci o mais importante: eu era, eu sou e todos nós somos espíritos eternos, criados para um único propósito: crescer e se desenvolver para viver em harmonia com a criação de Deus. Mas somos muito materialistas, muito egoístas, muito teimosos para viver assim. Então nos perdemos em nós mesmos. Comigo foi assim."

Ele disse que tinha certeza de que suas palavras podiam tocar fundo nas almas cujos fardos pareciam muito pesados para se carregar.

"Eu sei", confessou, "como é difícil, se não impossível, ter fé quando todo o seu mundo desmorona ao seu redor. Mas juro que é verdade. Você, eu, todos nós somos mais fortes do que o mundo e podemos enfrentar qualquer situação que se coloque em nosso caminho. Tenha fé e tenha fé em si mesmo porque as respostas, ainda que difíceis e amargas, virão de dentro de você; virão de seu espírito".

Geraldo olhou para mim e sorriu pacientemente. "Muitos de seus leitores vão dizer que só estou repetindo chavões e clichês. Eu sei, porque esta foi minha reação quando vivi onde eles vivem hoje."

Mas ele pediu que lhe dessem algum crédito. "Que me deem o benefício da dúvida", argumentou, "e tentem o que eu vou sugerir".

O espírito, que passou por aquilo que muitos estão passando agora, pede a você que reflita sobre sua vida. "Não vidas passadas, ou futuras, quero que pense no que você está vivendo agora mesmo."

Ele sugeriu usar esta reflexão como um "manual de instruções", acrescentando: "Deus sabe que pratiquei muito até que fizesse isso direito".

Assenti e Geraldo começou o que só posso descrever como uma explicação honesta e do fundo da alma ao dizer que isso "ajudou a manter as sombras afastadas, em uma vida sem nenhuma luz".

## PREPARANDO PARA REFLETIR

"Nós começamos aceitando uma verdade simples, mas poderosa. Esta é a chave para abrir a porta da reflexão. Nada acontece por acaso. Existe uma causa para tudo e essa causa é quase sempre imutável, quer seja em nossa vida atual ou nas vidas passadas. Mas tudo tem uma causa."

Senti que eu tinha de interrompê-lo, mesmo sem querer.

"O que está acontecendo na Terra não é um fato isolado; esse *tsunami* econômico está devastando milhões e milhões de pessoas."

Ele tamborilou seus dedos sobre a mesa onde estávamos e concordou comigo.

"E aqueles vivendo na Terra agora estão lá por uma razão. Uma grande prova está sendo preparada. Lembre-se: preste muita atenção nos eventos que estão além de seu controle, você vai aprender com eles. E então", ele sorriu, "preste atenção nos eventos que estão afetando sua vida, você vai evoluir a partir deles. Neste exato momento, os espíritos na Terra podem fazer os dois. Nenhum de nós é um viajante inocente. Aceite isso, como eu fiz, e você pode começar a aprender".

Dizer que eu estava impressionado era pouco. Disse isso a ele. Ele apenas sorriu, respondendo: "Sou apenas um sujeito comum, com uma enorme carga de aprendizagem e cresci-mento ainda por fazer".

O espírito disse que estávamos prontos para ir em frente com a "reflexão".

## REFLEXÃO

"Por que isso está acontecendo comigo? O que eu fiz, onde foi que eu errei?"

Geraldo disse que a maioria das pessoas faz essas perguntas em desespero, de modo desafiador ou rancoroso. "Eu sei que comigo foi assim. Gritei por Deus como se fosse um homem inocente seguindo para a cadeira elétrica."

Geraldo disse que as perguntas estavam corretas, mas deviam ser feitas com uma energia diferente.

"Não se deve perguntar como um inocente, porque nenhum de nós o é realmente. Não estaríamos no plano terrestre se fôssemos indefectíveis e perfeitos.

Não se deve perguntar de modo desafiador, mas sim como alguém que procura pela verdade. Deus não tem culpa. Nós não fomos criados para sofrer, fomos criados para evoluir. Trazemos o sofrimento sobre nós quando escolhemos o nosso caminho. Por vezes, os maiores saltos neste caminho ocorrem quando carregamos os mais pesados fardos.

Não se deve perguntar em desespero, mas como alguém lutando por esperança. A esperança trará suas respostas, porque a esperança é o futuro.

Não se deve perguntar com medo; pergunte, sim, mas como alguém que quer aprender, como alguém que quer e precisa ir em frente. Medo é provavelmente a vibração mais destrutiva porque nos faz ficar parados no tempo, impede-nos de agir e de pensar. Escolha sempre a esperança, que é o futuro, em vez do medo, que é o presente."

O espírito sabe que seu conselho não é simples.

"Por um longo tempo, fiz essas perguntas com medo, rancor, e minhas palavras eram cheias de desespero. Não obtive nenhuma resposta, apenas culpa. Eu vivia culpando meus ex-colegas de trabalho por ter perdido meu emprego, culpava meus funcionários por ter fracassado com minha empresa. Era culpa suficiente para distribuir por toda minha volta, mas nenhuma resposta. Os iguais se atraem: medo gera mais medos, desespero atrai mais desespero e a culpa não nos leva a lugar nenhum, a não ser exatamente onde já estávamos."

E então, tudo mudou.

"Não da noite para o dia, nada assim dramático, nenhuma força mística surgiu como um raio para fazer tudo ganhar novo sentido."

"Para que as respostas mudem, nós temos de mudar, não existe outro jeito", disse o espírito.

"Quando comecei a fazer minhas perguntas, não como uma vítima, mas como um espírito finalmente cônscio de meu propósito, então as respostas vieram.

Eu fui arrogante quando estava 'por cima'? Eu via a mim mesmo e aos outros sob as lentes do *status*, do nome, dos cargos e da influência?"

As respostas eram um "sim" doloroso e sem piedade.

Mais uma pergunta, e eu a fiz tentando controlar o tremor de minha voz, teria eu causado a alguém a mesma agonia pela qual agora estou passando?

A resposta era "sim".

Ainda assim, admite o espírito, ele voltou ao rancor: "Por que eu? Havia outros, ainda com seus empregos, suas economias e planos para o futuro, que se comportavam exatamente como eu. Eles eram tão pretensiosos, arrogantes e insuportáveis quanto eu".

Esperei que ele concluísse. Mas senti que já sabia o que ele ia dizer.

"Antes de mais nada", sentenciou Geraldo, "quem somos nós para julgar? Eu era cheio de juízos de valor; hoje já não o sou. Nós não podemos saber qual é a cruz que cada um carrega; só podemos ser responsáveis pelo peso e fardo que nós carregamos".

Geraldo falou sobre a lógica e a progressão natural de sua reflexão.

"Eu descobri que minha nova situação na vida não era uma punição; o Universo não pune. Eu estava recebendo a oportunidade de aprender e de mudar. E uma vez que realmente compreendi isso, comecei a descobrir a coragem para retomar o controle dos eventos, em vez de ver os eventos me controlando completamente."

Eu me deixei envolver, enquanto Geraldo falava, com minha prórpia introspecção. Pensei em quais seriam minhas reações seu eu perdesse o emprego de uma hora para outra, se meu futuro ficasse sombrio e minhas economias se fossem. E logo enviei a ele outro tópico com esta palavra:

**PÂNICO**

Geraldo deu aquele seu sorriso, como se dissesse: "passei por isso".

"Começa com um formigamento nos dedos, ao redor dos lábios, nos dedos do pé: os bons e velhos sintomas inquestionáveis de que você está tendo um ataque de pânico. É assim que começa, até que um dia, eu tinha medo até mesmo de sair de casa."

Ele revelou que tomava antidepressivos ("Prozac para passar o dia"), calmantes ("pílulas para dormir e encarar a noite") e ainda por cima, durante a tarde, ele bebia ("alguns uísques"). "Eu estava perdendo o controle: o medo, o pânico e a ansiedade estavam me dominando."

"Algumas vezes, eu acordava às 3 ou 4 horas da madrugada. Minha cabeça girava: como pagar as contas, pagar a escola das crianças, o financiamento do carro e os salários e despesas da minha empresa falida?"

Ele se recordou de passear pelos quartos escuros de sua casa, sem fazer nenhum barulho "para não acordar ninguém", sozinho com "as vozes da noite".

"Eu já não tinha nada. Minhas economias... já eram. Meu fundo de pensão... se fora. Meus planos para o futuro... inatingíveis. A festa acabara; era hora de entregar os pontos."

"O pânico e a ansiedade são irmãos de sangue e eles logo trazem como companhia a depressão. Quando bate a depressão, nossas vibrações descem de nível. É quase como se um pugilista baixasse sua guarda. Somos atingidos por tudo que atraia energia negativa para nossas vibrações baixas. Esses espíritos negativos nos chamam, brincam conosco e com nossos pensamentos. Pensei em me suicidar, achando que o mundo, minha família e eu estaríamos melhor assim".

"E...", provoquei.

"Deixei-me ser uma vítima. Perdi meu emprego. Minhas economias de toda uma vida se foram numa empresa que jamais decolou, um negócio do qual eu não sabia nada e sequer gostava dele. Um negócio que abri porque estava em pânico. Tinha contas para pagar e nehum emprego à vista. Mas a razão pela qual eu não podia encontrar um emprego era simplesmente porque parei de acreditar em mim mesmo. Eu era vítima do meu próprio pânico."

## CONSELHO

"Assuma o controle; mesmo se não ganhar em todas as tentativas. Não deixe o *tsunami* de eventos passar sobre você. Lembre-se, somos maiores do que qualquer coisa que o mundo arremesse sobre nós.

Peça por socorro, e ele virá. E pode vir em formas que você sequer imaginou. Amigos e parentes com quem você achava que podia contar vão lhe dar as costas. Fui resgatado, no momento certo, por pessoas que passavam pelas mesmas circunstâncias que eu; nós nos ajudamos mutuamente. Eles me fizeram voltar a sorrir. Eles me deram esperança. Não vão acontecer milagres. Não vai ser como acordar para um novo dia. Mas novas ferramentas serão colocadas em suas mãos e você vai ver que suas mãos são mais fortes do que jamais foram."

Geraldo suspirou, sabendo que o que ele dizia mal poderia consolar alguém cuja vida era despedaçada em milhões de cacos diante de seus olhos.

"Eu sei que a dor e o sofrimento estão envolvendo a Terra. E há muito mais por vir. E para quem está passando fome, desempregado, vivendo em desespero, o que eu posso dizer pode soar como uma grande bobageira mística. Eu sei, porque quando uma amiga tentou me confortar, eu logo fui dizendo que ela só falava bobagens.

Mas de onde eu estou agora, digo que essa 'bobageira mística' é a mais absoluta verdade. Uma reviravolta dramática está para acontecer na Terra. Não é um acidente! E o mais importante, não é uma coincidência que esteja tomando parte disso. Você pode mudar. Você pode evoluir. Você, na Terra, e nós do lado de cá somos parte de um plano divino. A Terra está mudando por forças além do nosso controle. Você pode mudar, usando as forças que já possui."

"Mude sua vida; harmonize-a com a nova energia que está se construindo no planeta. Descubra o que é e o que não é importante em sua vida. O planeta está alterando suas vibrações, respondendo à cobiça econômica, social e ambiental. Você pode responder refletindo e agindo."

"Assuma o controle dos eventos que você pode controlar. Não enterre sua cabeça na areia; você estará passando por uma oportunidade única de evoluir.

Não tenha vergonha de seus defeitos ou de seus assim chamados fracassos. Você pode ter perdido um carro, uma casa e suas economias. Mas não se perca. A energia está sendo mudada no planeta; esta é a chance de mudar a sua energia.

O Universo não está forçando você a nada. Não é uma punição contra nenhuma sociedade ou nação. O Universo está fazendo o que faz de melhor: usando o passado para criar novas situações de mudança."

Geraldo ergueu os braços, sinalizando que já não tinha mais nada a dizer. Mesmo assim, eu tinha mais para perguntar. Uma questão que estava em minha cabeça desde que nos encontramos.

"Como foi que tudo acabou?", quis saber.

"Você diz a minha vida?", riu ele. "Morri feliz, muito mais feliz do que jamais imaginei que pudesse ser. Quando eu pensava que tinha todas as respostas, vieram os mais sombrios tempos de dúvidas e fracassos. Senti-me impotente, totalmente irrecuperável. Lentamente, quando comecei a refletir, percebi o quanto eu não sabia. Compreendi que eu sou, como espírito, o resultado total de minhas experiências. E comecei a ver, finalmente, como eu mudava com cada uma delas. Equilíbrio, harmonia. Como eu disse: morri feliz."

Geraldo sorriu e olhou para cima.

"Eu fui em frente."

**Ed, direto do Outro Lado da Vida.**

A SEGUIR... É BEM MAIS DO QUE ECONOMIA...

## Capítulo Nove

# *Uma Pausa Antes de Prosseguir*

*"Ele viu todas essas formas e faces em milhares de relacionamentos voltar a nascer. Cada um era mortal, apaixonado, num exemplo doloroso de que tudo é transitório. Ainda que nenhum deles tenha morrido, eles apenas mudaram, e sempre renasceram, continuamente tinham uma nova face: apenas o tempo parava entre uma face e outra."*

**HERMAN HESSE, SIDDHARTHA**

Este é um bom momento para seguir o conselho de Geraldo. Vamos fazer uma pausa e refletir sobre tudo que ouvimos até agora.

E, se eu puder fazer uma sugestão, vamos refletir não com medo, mas com esperança.

Se você duvida que existam transformações profundas e verdadeiras ocorrendo no planeta Terra, espero que tenhamos, pelo menos, aguçado sua curiosidade intelectual.

Comecemos com Robert, um físico famoso quando vivia na Terra, agora um monitor no lado de cá. Esse espírito é um perito em energia; afinal, ele ajudou a dominar o poder atômico.

Ele manteve seu foco em "uma estranha energia negra" que os cientistas da Terra descobriram. De fato, eles a conheciam há muitos anos, mas nunca entenderam para que servia: essa energia controla o tamanho e a velocidade da expansão do Universo.

Existem outras energias pulsando pelo cosmos e sua existência prova que não estamos a sós em uma jornada sem destino.

Agora, gostaria de "refletir" e oferecer uma consideração na forma de uma pergunta:

Se existe "uma estranha energia negra" controlando o tamanho e o crescimento do Universo, não seria razoável assumir que exista uma força controlando o tamanho de nossos egos? Nosso orgulho, nossa cobiça e nossas ambições? Não existiria uma força, alimentada pelas nossas próprias ações, servindo de "polícia espiritual"?

Com certeza existe.

E se chama carma.

Robert nos aconselhou a confiar mais nessas energias, em vez de mergulhar em nossos próprios egos. Ele está certo. O carma está, neste momento, reagindo contra a cobiça, o egoísmo e o orgulho que praticamente cobrem todo o planeta.

Nosso Criador nos deu um presente chamado "livre-arbítrio". Talvez, para alguns, esse presente precise ser devolvido, porque em alguns casos pode ser que já não tenha mais função. Livre-arbítrio, o direito de escolher; uma vez que temos esse entendimento, não precisamos mais escolher.

Josiah, um banqueiro enquanto estava encarnado na Terra, explicou que o dinheiro é simplesmente uma forma de energia, uma que foi usada sem nenhuma consciência. O Universo está agora restaurando o equilíbrio com uma força que vai servir para estancar a cobiça e a corrupção.

Outra consideração: o Universo, como já vimos, usa seus padrões e sistemas de equilíbrio. Quando uma força, o dinheiro, fica desequilibrada pelo materialismo e pela imoralidade, o que traz o equilibro? A Terra está em processo de cura, livrando-se de tudo que não serve mais para ela.

O que nos leva a John, o economista, que prevê o nascimento de um novo sistema porque o antigo já está estragado. Esse monitor nos falou que as condições na Terra, entretanto, vão piorar antes de melhorar. O sistema está descendo pela descarga, mas antes que seja substituído pelo novo, o decadente deverá ser exposto.

Ouvimos Joaquin, um homem que classificava seus principais valores a partir de ideias retrógradas e ultrapassadas. Joaquin era um espírito que pregava que o valor de uma pessoa estava ligado à sua fortuna e seu saldo bancário. Ele, deste lado da vida, é um espírito que sabe o quão perigoso e fútil são esses valores...

Vazio e superficialidade foram as palavras que ele usou.

As rebuscadas teorias econômicas, retóricas políticas e tramas financeiras de alto nível dos indivíduos, sociedades e governos produziram um lixo que transborda superficialidade. O Universo está ocupado "pondo o lixo para fora". Seus sistemas de controle e equilíbrio estão funcionando.

A crise atual é simplesmente o primeiro de muitos sinais da mudança.

O planeta está mudando e evoluindo.

O lugar do planeta no Universo está mudando também; ele era um lugar onde os espíritos vinham equilibrar suas ações. Está agora se tornando um mundo "entre mundos", recebendo espíritos cujas vibrações estão mais afinadas com o Universo.

Enquanto você está lendo estas palavras, a mudança está acontecendo.

O mundo em que você nasceu está em transformação, arquitetando suas mudanças, e tudo começou antes mesmo de você chegar. Ainda assim, você está neste planeta agora por uma razão. Aceite o conselho de Geraldo e reflita por quê. Eu garanto a você, as respostas virão.

A velha Terra era um lugar que servia para ensinar, às vezes por meio da dor e do sofrimento, aos seus alunos. Outros mundos agora estão sendo preparados para assumir essas aulas, já que a Terra está se transformando em um lugar para espíritos que já não precisam das antigas lições.

"A estranha energia negra do Universo" está sempre trabalhando, assim como incontáveis outras energias trabalham em muitos e diferentes níveis.

Quando continuarmos com nossa reportagem, você verá como a transformação do planeta não é apenas econômica; é também física e moral.

**Ed, direto do Outro lado da Vida.**

A SEGUIR... MAIS MUDANÇAS... MAIS FAXINA A SER FEITA...

Capítulo Dez

# Um Planeta Mais Leve

*"Em tempo de mudanças, os que têm a mente aberta herdam a Terra, enquanto que os que julgam saber de tudo vão se encontrar maravilhosamente equipados para lidar com um mundo que não existe mais."*

**ERIC HOFFER**

### Gelo sobre os Andes vai sumir em 20 anos

Domingo, de março de 2008 – 19h

Cientistas no Peru emitiram um audacioso alerta, garantindo que o gelo que cobre a Cordilheira dos Andes vai simplesmente desaparecer dentro de duas décadas.

Os avisos ecoaram por anos, sinais fizeram soar os alarmes, mas poucos prestaram atenção. Os padrões climáticos se transformaram, terríveis tempestades se tornaram frequentes e pequenas ilhas estão sendo literalmente varridas do mapa.

### Tuvalu luta para conter maré

Por David Shukman – correspondente ambiental da BBC News, em Tuvalu

O grupo de nove pequenas ilhas no sul do Pacífico apenas supera o limite da superfície oceânica – mas por quanto tempo mais?

A principal rodovia das ilhas está submersa e vizinhanças habitadas são ameaçadas pelo avanço das águas. "Jamais vimos algo assim na nossa história", disse um morador profundamente preocupado. "Nós nunca vimos a água chegar assim tão longe."

"Eu não quero começar um grande debate sobre quem é responsável, quem temos de culpar, quem tem de ser punido", disse Mendes. "Estamos bem além disso. Já está acontecendo."

Luiza Mendes, na Terra, era uma ambientalista, ou como ela mesmo brinca sobre seu passado, "uma daquelas que abraçavam as árvores".

Agora ela é uma monitora, tomando notas sobre as transformações emergentes sobre o corpo terrestre. Como ela mesma diz: "O que está acontecendo com o planeta em nível físico tem a ver com as mudanças espirituais na Terra. Quem quer que pense diferente tem pedregulhos no lugar do cérebro".

"Ninguém prestou atenção, em 1976, quando começamos a informar que as temperaturas, assim como os níveis dos oceanos, estavam subindo. As pessoas pensaram que éramos parte de alguma conspiração lunática e bizarra.

Hoje, porém, as mudanças climáticas e a elevação do nível do mar são, sem nenhuma intenção de trocadilho, notícias quentes. De repente, agora é politicamente correto preocupar-se com a camada de ozônio, o avanço dos oceanos e o efeito estufa. Por mais elegante que isso pareça, esse interesse surgiu tarde demais."

Luiza lembrou-se de como ela e outros ruminaram as estatísticas que iniciaram o debate por todo o planeta.

"Com certeza, mexemos em um vespeiro. Governos, economistas, lobistas, políticos de todo o mundo caíram sobre nós. Éramos contra o trabalho, contra os negócios, eles nos acusavam de conspirar para impedir que as nações mais pobres se desenvolvessem, para que assim a riqueza permanecesse nos países desenvolvidos."

O espírito riu.

"Tudo não passava de dissimulações e cortinas de fumaça para cobrir o que realmente estava por trás de tudo: a boa e velha cobiça, que jamais saíram da moda."

Mendes, como monitora, acompanhou a história ambiental da Terra por quase todo o tempo que esteve do lado de cá, cerca de 15 anos.

"Bom, agora que comprometeram de vez suas preciosas economias, eles também comprometeram seriamente o planeta. Belo jeito de tentar arrumar as coisas."

A ecologista de cabelos alourados confessou que nunca acreditou muito em profecias. "Para mim, os profetas eram os verdadeiros lunáticos e bizarros. Apesar de que", ela acrescenta, "uma dessas profecias, dos índios norte-americanos Cree, é mais do que adequada aos tempos que vivemos hoje".

Quando todas as árvores forem cortadas,

Quando todos os animais forem caçados,

Quando todas as águas estiverem poluídas,

Quando todo o ar já não puder ser respirado,

Só então você vai descobrir que não pode comer dinheiro...

"Só posso mesmo rir", comentou ela, "do jeito que as coisas estão indo, as pessoas sequer terão dinheiro sobrando para comer".

Nós conversamos em sua sala de estar, um lugar que parece mais um observatório astronômico do que a casa de alguém. Pela enorme janela panorâmica, eu tenho uma visão da Terra de tirar o fôlego, movendo-se lentamente em rotação sobre seu eixo no espaço.

"Não quero ser afetada", ela sorriu, deixando que seu rosto se iluminasse ao notar o quanto eu me deslumbrava com a magnífica cena desenrolando-se diante de nossos olhos. "É um lugar muito bonito. Alguns de meus ex-colegas diziam que era mais do que merecíamos. Mas estavam errados. Agora eu sei."

Abruptamente, a paisagem na janela se modificou; uma imagem da Terra se fundia com a seguinte, enquanto Luiza explicava que estava me mostrando nada menos do que a história do planeta.

"Desde o momento em que este planeta foi criado, ele está se modificando. Houve uma época em que as geleiras vagarosa e deliberadamente envolveram as montanhas, os rios e os vales. Terremotos e explosões vulcânicas moldaram os continentes, enchentes e tempestades poliram o solo e lhe deram novo aspecto. A mudança climática não tem nada de novo; vem acontecendo desde que homem espiou pela primeira vez para fora de sua caverna. Este planeta, como incontáveis outros espalhados pelo Universo, evoluiu sob a orientação de um plano cósmico. Esse plano tem um propósito singular: a criação e evolução da vida."

Ela caminhou calmamente até sua janela e a usou como ilustração de sua próxima frase: "Ainda está acontecendo. A Terra está se refazendo, como sempre esteve, para receber vida".

Não entendi bem e disse isso a ela: "Já existe vida lá. Bilhões e bilhões de almas estão vivendo lá neste exato momento."

"Você está coberto de razão. Sempre houve vida na Terra, mesmo durante a Era do Gelo, a Idade da Pedra, o Período do Bronze e todas as épocas desde então. Os espíritos sempre viveram na Terra, porque lá estavam as lições a serem aprendidas. O que está acontecendo agora é simplesmente o começo de uma Nova Era; a renovação da Terra para uma vibração mais leve e mais limpa."

Luiza passeou pela sala, saindo da janela e vindo diretamente na minha direção, dizendo que gostaria de enviar uma mensagem pessoal para aqueles "bilhões e bilhões de almas" que vivem no planeta:

"Deixem de ser tão arrogantes", ela alertou aos espíritos terrestres. "Estamos sempre falando sobre o progresso da humanidade; e é verdade, os seres humanos evoluíram muito desde que sentávamos em círculos empilhando pedras.

Nós avançamos, porque precisávamos, porque era parte do plano. Sem regressão, sem etapas retroativas; fomos criados para seguir em frente.

Assim como o Universo, e ele está constantemente nesse mesmo empenho, lado a lado. O Universo, o planeta e os espíritos distribuídos entre os bilhões de sistemas de vida na criação estão evoluindo. A assim chamada mudança climática e a crise econômica também estão trabalhando, de mãos dadas, para trazer a transformação ao planeta. Existem forças agindo muito além de nossa compreensão.

Existem pessoas vivendo na Terra, agora mesmo, que pensam que a Terra foi feita exclusivamente para elas. Como elas podem ser tão arrogantes e cegas para acreditar que um planeta é feito apenas para seu uso, prazer e experiências? Elas pensam que os bilhões de anos da evolução passaram apenas para que vivessem suas vidas?

'Conte a eles', ordenou ela, 'sobre a Nova Era'".

**Ed, direto do Outro Lado da Vida**

A SEGUIR... O COMEÇO DE UMA NOVA ERA...

## Capítulo Onze

# Os Sinais de uma Nova Era

*"É toda uma revolução que neste momento se opera e trabalha os espíritos. Após uma elaboração que durou mais de 18 séculos, chega ela à sua plena realização e vai marcar uma nova era na vida da Humanidade. Fáceis são de prever as consequências: acarretará para as relações sociais inevitáveis modificações, às quais ninguém terá força para se opor, porque elas estão nos desígnios de Deus e derivam da lei do progresso, que é lei de Deus."*

**Extraído de O EVANGELHO SEGUNDO O ESPIRITISMO – por Allan Kardec**

*"Se estamos em vias de alcançar uma cultura mais rica, rica em valores contrastantes, precisamos reconhecer toda a gama de potencialidades, e assim fabricar um tecido social menos arbitrário, em que os diversos talentos humanos encontrarão seu lugar ideal."*

**Margaret Mead: "Sexo e Temperamento"**

Ela estava exatamente como eu me lembrava dela; uma mulher desleixada, amarrotada, muito ocupada para se incomodar com a aparência. Os cabelos castanhos, penteados para trás, estavam todos riscados por fios acinzentados. Nunca a entrevistei na Terra e admito que essa é uma experiência pela qual eu ansiava.

Foi um espírito que sempre me intrigou; ela era uma antropóloga e passou a maior parte de sua vida estudando e vivendo entre tribos primitivas.

Ela escreveu muitos livros, mas foram essas poucas palavras que ficaram para sempre em minha mente: "Nunca duvide que um pequeno grupo de cidadãos decididos e comprometidos possa mudar o mundo. Na verdade, sempre foi assim".

"É um prazer finalmente conhecê-la, Margaret". Apertamos as mãos, e ela, de um modo já esperado, vai direto ao assunto.

"Deixe-me mostrar uma coisa. Vamos chamar de 'evidência A' para o caso em julgamento", brincou ela. "Isso vai contar toda a história."

Ela me entregou uma folha de papel grande e branca, com um desenho que eu já havia visto milhões de vezes na Terra.

A ilustração no papel mostrava as várias etapas físicas na evolução da humanidade.

"Não preciso dizer mais nada", enfatizou, com uma piscada marota. "Está tudo aqui; a metamorfose do corpo humano. Foram bilhões de anos na Terra, em que as energias que ali viviam evoluíram, adaptaram-se, modificaram-se, transformaram-se. Você pode usar a expressão que quiser, todas indicam a mesma coisa; ainda tem mais. E está acontecendo agora mesmo."

Na Terra, ela passou sua vida observando como as pessoas, em sociedade, interagiam e como a cultura influenciava o comportamento individual.

"Aqui, acho que faço a mesma coisa, só que com um ponto de vista mais 'abrangente'", riu ela. "É um privilégio e também um desafio."

Eu sei que, na Terra, este espírito, além de ser uma antropóloga, também se interessou por paranormalidade e disse, assim que chegou aqui, que estava mais do que satisfeita por descobrir que sua curiosidade era justificada.

"O que se consideram paranormal lá é bem normal por aqui", disparou ela. "Transmissão de pensamentos, percepção extrassensorial e canalização, acho que é assim mesmo que você vai conseguir espalhar suas notícias. Há muito o que contar, muito está acontecendo agora. É uma época emocionante, e não é de agora, não."

O espírito estala os dedos repetidamente, enumerando com rapidez os eventos que estavam ocorrendo no planeta.

"Primeiro, o caos econômico; ainda tem mais por vir. Uma enorme troca de valores está acontecendo. Primeiro individualmente, depois na sociedade, e depois no mundo inteiro, a renovação é inevitável. Os governos disseram aos seus cidadãos que eles precisavam trabalhar para construir economicamente suas nações. Disseram às pessoas que isso era patriótico", ela comentou, com ironia. *A crock if I heard one.*"

"O que está para entrar em jogo é um novo sistema no qual as economias vão trabalhar para construir pessoas, criando uma atmosfera em que espíritos possam aprender, crescer e prosperar espiritualmente.

Haverá turbulência. E antes que qualquer processo de cura seja iniciado, a ferida precisa ser limpa. O sistema atual foi ferido pela cobiça, competição, trapaça e vigarice."

Ela alertou: "Cabe a cada um dos espíritos vivendo lá, quando a purificação estiver completa, decidir se vão continuar vivendo pelo dinheiro ou não". Margaret explicou que também existem outras forças em ação.

"O Universo não apressa as coisas, você sabe disso", avisou ela, introduzindo a etapa seguinte das mudanças que estão acontecendo.

"O planeta está se refazendo. Pode chamar de mudança climática, derretimento polar, níveis do mar que sobem, não importa. Aqui, chamamos de preparação. Menos pessoas, no futuro, vão habitar o planeta, e esses espíritos vivendo lá serão mais evoluídos. Até agora, a Terra serviu como um mundo para ensinamentos; os espíritos iam para lá para aprender lições duras e dolorosas. Logo, terá um novo papel no Universo; um mundo transitório, habitado por espíritos que já passaram por uma verdadeira limpeza em sua forma de agir e agora estão prontos para ir em frente."

Era hora de fazer uma pergunta. "O que acontece com aqueles que não evoluíram? Para eles resta o fogo e a danação eterna?", provoquei.

Ela me olhou como se eu fosse um imbecil.

"Eles também vão em frente. Outros mundos, enquanto falamos, estão passando por um ciclo de mudanças similares ao da Terra. Outros planetas estão sendo preparados para recebê-los."

Mudança econômica... mudança física...

Perguntei se ainda havia mais.

"Pode apostar. A mudança moral também está se espalhando pelo planeta. Agora existem espíritos no planeta, mais evoluídos, que já estão iniciando essas mudanças. Eles são a base de sustentação da Nova Era."

Novamente, Margaret deixou claro que existem planos delineados para todas as mudanças. "Nada acontece antes que os alicerces estejam instalados. Deus não é apenas um grande arquiteto. Ele também é um fantástico engenheiro. As energias estão se colocando por todo o Universo, promovendo as mudanças que estamos vendo. Tudo a seu tempo. Um passo de cada vez."

Quis falar sobre essa moral que vai surgir com a Nova Era.

"Ainda não", ela sacudiu a cabeça. "Vamos também um passo de cada vez. Mostre aos seus leitores que a limpeza está em processo. Você já mostrou como será com a economia e com as mudanças físicas. Agora, é o momento de entrar na terceira grande onda: a moral, a tolerância e as pessoas."

A SEGUIR... UMA ENTREVISTA COM UM MONSTRO...

## Capítulo Doze

# As Feridas do Ódio

*"O progresso espiritual é como desintoxicação. As coisas precisam ser colocadas em ordem para se poder deixá-las. Uma vez que pedimos para ser curados, tudo o que está doente em nós é forçado a vir para a superfície."*

**MARIANNE WILLIAMSON, GUIA ESPIRITUAL**

*"Vou descer à minha sepultura rindo, porque sentir as mortes de 5 milhões de pessoas em minha consciência será, para mim, uma satisfação extraordinária."*

**ADOLPH EICHMANN, 1944**

Minha missão se renova quando procuro pelas marcas da cura. Os ventos da mudança me levam para outra direção. Estou sendo guiado.

A estrada para meu primeiro destino não é das mais fáceis. Diferente das outras, esta não é um caminho de luz. Mesmo assim, eu admito: estou empolgado com esta próxima entrevista, sabendo desde já que vai ser muito distinta de todas que fiz até agora.

Adolph Eichmann não é um monitor.

Muitos na Terra, até aqui, consideram-no um monstro e surgem dúvidas em minha mente sobre a razão de estar sendo levado em sua direção.

Ao longo do caminho, passo por vários postos de controle; este espírito está sob vigilância mesmo depois de mais de 40 anos de sua chegada. O ódio e a revolta que ele inspira, mesmo aqui, torna necessária esse tipo de proteção. Ele tem o direito de refletir sobre sua vida passada, pensar a respeito do que fez e receber ajuda para planejar sua nova vida ao seu modo e levando o tempo que precisar. Deus dá esta chance para todos.

Quando chego ao meu destino, tenho uma surpresa. Em vez de um coronel da SS, louro, alto e arrogante, eu me deparo com um homem careca, tímido e de aparência frágil. Ele está sentado atrás de uma escrivaninha, usando uma camisa branca de mangas curtas. Nada nesse espírito parece chamar atenção, nenhuma pista sequer que nos faça acreditar que estamos diante de alguém responsável pelo destino trágico de milhões e milhões de seres humanos. Ele parece mais um caixa de banco do que o homem que idealizou a mais eficiente máquina assassina que o mundo já viu.

Ele se levanta para me cumprimentar com uma reverência rápida e faz um gesto com a mão para que eu me sente.

"Disseram-me que viria. Pediram que eu falasse com você. Vamos lá."

Ele se recosta em sua cadeira e espera, sem me oferecer nada.

"Você é o coronel da SS Adolph Eichmann, o homem acusado de tramar a Solução Final, a exterminação de judeus, ciganos e homossexuais durante a Segunda Guerra Mundial?"

Este era, pensei eu, um bom modo para começar.

"Eu era, sim. Não sou agora." Uma resposta esquisita. Pressionei, pedindo uma explicação.

"Eu admito voluntariamente quem eu fui. Antes de minha execução, eu também admiti. No entanto, já estou aqui há algum tempo, não tem sido fácil, mas estou aprendendo a separar o que eu fiz de quem eu sou. Tenho muito a dizer."

Ele se referiu aos vários vigilantes espirituais e postos de controle que o cercavam:

"Quando cheguei aqui, estava em vantagem: sabia que ia morrer. Fui um fugitivo por muitos anos até ser capturado, interrogado e julgado. Eu sabia que seria executado e pude usar muito tempo para me preparar. A única coisa que me surpreendeu, no lado de cá, foi o que aprendi."

Apesar de querer muito saber o que esse espírito havia aprendido, não quis interromper Eichmann. Decidi esperar e fazer as perguntas depois.

"Assumi total responsabilidade. Arquitetei a morte e o assassinato de milhões de pessoas. Construí uma máquina de matar moderna e eficiente, de cima a baixo. Talvez tenha sido o mais organizado sistema de extermínio em massa que o mundo já testemunhou. Desde a captura, transporte, reassentamento, processamento e arquivo de dados: montei e mantive a burocracia que dava vida ao monstro. E fiz isso por minha própria vontade. Tinha orgulho de tudo o que fazia."

Eichmann sacudiu a cabeça e acrescentou: "Isso foi naquela época, e nossa conversa é agora. Pouco depois que cheguei aqui, meus guias e mentores mostraram o que minha organização produziu: campos de concentração, os vagões de carga repletos de gado humano, as câmaras de gás e as experiências médicas com pessoas vivas como cobaias.

Nada daquilo era segredo. Eu sabia de tudo aquilo, planejava com antecedência e, como já disse, foi feito sem a menor hesitação. Era meu trabalho."

Quanto a mim, ainda não sabia bem a razão pela qual estava entrevistando esse espírito, um monstro que não demonstrava o menor remorso, arrependimento ou capitulação. Disse isso a ele, secamente e, sem saber, provoquei a resposta para a pergunta que guardava mentalmente para fazer depois: o que ele havia aprendido.

Sem se alterar, Eichmann respondeu:

"É, na verdade, bem simples: você está aqui para dizer aos seus leitores o que eu descobri. O mundo, por meio do ódio, da maldade e do medo em sua vibração, foi o responsável pelos eventos chamados de Holocausto.

É por isso que tudo foi tão fácil. Dizer que éramos fanáticos e loucos ou possuídos por um terrível demônio apenas serve para tirar o sentido do real pesadelo. Não poderia existir nada a ser aprendido, nada a ganhar se o mal fosse escrito pelas atitudes de um bando de lunáticos. Nós éramos todos homens normais: desde Hitler, Himmler, Göering, Goebells, Heydrich e toda a lista até o fim. Éramos tão normais que o que aconteceu passa a ser ainda mais assustador."

Eu confesso, ele estava certo. Creditar o que aconteceu na Europa durante a Segunda Guerra a uma aberração criada por lunáticos tornaria tudo mais fácil, mas seria um crime quase tão horrível quanto os atos cometidos por eles.

"Posso dar a você as razões terrestres para tudo o que eu fiz. Você as ouviu milhares de vezes antes: fiz por meu país. Fiz por meus filhos e pelo futuro deles. Eu estava seguindo ordens."

"Você está certo", retruquei. "Eu já ouvi muitas vezes. A mesma ladainha: país, dever e família ainda são usados na Terra para justificar crimes tão hediondos quanto os seus."

Eichmann me deu um sorriso nervoso, com os lábios apertados.

"Eu sei. Mas agora, mudei o tom. Fiz porque não pude resistir à maldade que envolvia aqueles tempos. Não era capaz de evitar o medo, o ódio e o preconceito que pulsavam pelo planeta. Desisti, porque eu, assim como muitos como eu, nos adaptamos. Estávamos afinados com nossa época.

Não quis expulsar a ambição que controlava minha alma; só via minha carreira pela frente, as promoções e condecorações. Deixei-me levar pelo desejo de poder e posição."

E ele disse de novo: "Estava afinado com a minha época".

"O Holocausto foi o resultado de humanos curvando-se diante do medo e rendendo-se à maldade. Os espíritos que viveram durante aquele tempo e lugar, ou estavam com medo de protestar contra os abusos da tirania, ou não achavam que eram abusos que merecessem protestos.

O mal e o ódio precisam subir à superfície. Acredite se quiser, a humanidade deu um passo gigante depois da Segunda Grande Guerra."

A revolta, uma emoção que pensei que já havia superado, tomou conta de mim. Esse homem suave, frágil, mas que continha uma maldade indisfarçável, sentado na minha frente, justificava seus atos deslocando a responsabilidade para algum plano divino.

"E o que me diz dos milhões de inocentes vitimados pelas suas engrenagens frias e mortais? Não sente sequer algum remorso por eles?"

O espírito vagarosamente balançou a cabeça e, pela primeira vez, ouvi um macabro tom arrependido em sua voz.

"Pelo que eu fiz, não posso sentir remorso. Como poderia? Preciso buscar meu próprio perdão. Cabe a mim restaurar o equilíbrio no caos que criei. Existe ajuda, quando pedimos por ela. Eu pedi e estou recebendo."

Adolph olhou para mim e rapidamente mudou de assunto: "Estamos nos desviando, tenho muito mais para lhe dizer antes que nosso tempo acabe. Muitos, mas muitos dos inocentes que morreram por minha causa eram espíritos de grande iluminação e sabedoria. Eram voluntários, para que o mal gerado na Terra pudesse emergir para que todo o mundo o visse. Por que você acha que tantos milhões seguiram para a morte sem nenhuma resistência ou medo? Eles tinham fé.

Quanto aos outros, e isso não é nenhuma desculpa, mas você sabe tão bem quanto eu que não existe isso de espírito inocente, todos vivemos antes. Ninguém é inocente, já que evoluímos por meio de nossos carmas".

Perguntei se ele estava voltando para a Terra, em nova reencarnação, para evoluir por meio de seu carma.

O homenzinho tímido disse que não.

"Não para a Terra. Já não há lugar lá para mim. A escola terrestre está se modificando, as provas que tenho à minha frente, em algum tempo, já não serão mais oferecidas ali. Existe uma mudança e meu currículo foi rebaixado, pelo que me disseram."

Eu me levantei, dando a entrevista por encerrada.

Eichmann gesticulou para que eu voltasse a me sentar, implorando por mais alguns minutos.

Ele pediu que eu revisse com ele o Holocausto. "Tudo aconteceu há meros 60 ou 70 anos na Terra, quase que um piscar de olhos no tempo."

Concordei. Os campos de concentração e suas câmaras de gás fizeram parte de minha geração. Eu me lembro de cobrir a libertação de um desses locais onde Eichmann controlava a morte, quando eu era repórter do rádio.

"O mundo já testemunhou enormes transformações desde então. Veja a história: nunca antes uma mudança varreu o planeta tão rápida e dramaticamente quanto nesses últimos 70 anos. Por quê?"

Vi que o espírito estava me apresentando uma pergunta para a qual já tinha uma resposta pronta. Portanto, como já havia feito em outras entrevistas, deixei que ele prosseguisse sozinho.

"Espíritos", ele explicou, "tudo tem a ver com os espíritos vivendo lá. O Universo permitiu e está permitindo cada vez mais que espíritos avançados, iluminados, encarnem no planeta. Alguns deles para prepapar o terreno para as revoluções, outros para espalhar a mensagem da mudança, e todos estão lá por uma razão."

Então eu intervim, porque genocídio e assassinato ainda não deixaram de ser algo comum no planeta. O mundo continua um lugar feio e violento.

"Ainda existem genocidas, matadores, guerra e tortura. Todas as noites, as telas de televisores por todo o globo são tomadas com esse tipo de notícias. Como você pode falar em progresso?"

"São as últimas ondas da cura", retrucou Eichmann. "Aqueles espíritos, como eu, vão encarnar em outro lugar qualquer. É tudo parte de um processo."

O ex-nazista comentou que ainda queria dizer mais uma coisa antes que eu partisse.

"Com o passar do tempo, conheci uma de minhas vítimas. Conversamos. O espírito não estava revoltado, mas me contou que se ressentia de ter tido uma vida tão curta. 'Eu tinha apenas 17 anos. Havia muito mais que eu queria ver, fazer e oferecer. Quis testar a mim mesmo no mundo, provar meu lugar na vida e ver o quão longe minhas esperanças me levariam. Você me negou esta chance.'"

O espírito, agora em pé diante de mim, fez um último comentário, pesarosamente:

"Esta é a maior transgressão de todas: um ser humano negar ao outro uma oportunidade. Ninguém tem esse direito porque Deus deu a nós todos uma chance de viver de novo. Até mesmo para mim."

**Ed, direto do Outro Lado da Vida**

A SEGUIR... OS VENTOS DA MUDANÇA...

Capítulo Treze

# O Rabino e as Marcas da Religião

*"Pelo menos dois terços de nossas misérias provêm da estupidez humana, malícia humana e os grandes motivadores e justificadores da malícia e estupidez: idealismo, dogmatismo e o zelo proselitista em favor de ideias políticas ou religiosas."*

**ALDOUS HUXLEY**

*"Este mundo, assim como o conhecemos, não está chegando a um fim, mas muitas formas de pensar estão. Estamos vivendo agora num tempo em que todos os profetas e homens santos viram em seus sonhos ou em visões do futuro, mas nunca chegaram a conhecer. Agora é verdade que tudo é possível, mas sempre existem condições que precisam ser conhecidas antes que o desconhecido se torne conhecido. Neste exato momento, estamos em uma fase de transição, em que a divisão entre o pensamento da velha era e a nova era apresenta seu maior contraste."*

**JJ DEWEY, AUTOR DA NOVA ERA**

"Soube que entrevistou Eichmann", comentou o espírito. "Ele está em uma situação interessante; um ser humano comum, medíocre até, que fabricou um enorme pesadelo. Chega a dar arrepios, não? Também falei com ele algumas vezes. Falamos sobre oportunidades. Eu fui uma de suas vítimas, um judeu do Holocausto. Agora, você pode me chamar de monitor judeu", riu ele.

Um paletó preto e comprido, chapéu preto, barba branca crescida, uma camisa imaculadamente branca; o espírito era a imagem exata de um rabino ortodoxo. "Gosto de ter essa aparência, é o que se chama de tradição", admitiu ele.

"Nenhum outro povo na Terra passou por tantas mudanças quanto os judeus", declarou o rabino. "Primeiro foi a escravidão no Egito; depois vagamos pelo deserto, perdemos nossos lares e nos dispersamos pelo mundo. Perseguições, massacres, o Holocausto. Agora, estão de volta para casa em Israel. "E," ele graceja, "no meio disto, encontramos tempo para recordar algumas palavras do Velho Testamento".

Ao se recordar do Velho Testamento, o rabino abaixa o olhar. Por um momento, vejo que ele está em lágrimas.

"Por todos os lados, surge o horror do ódio religioso e do medo. Espíritos pagãos usam o nome de Deus e um dos muitos livros inspirados por Ele para justificar o ódio e o preconceito."

O rabino se remexe desconfortavelmente em seu sofá e corre os dedos sobre um livro grosso com capa de couro que estava ao lado dele. Ele me coloca o livro nas mãos.

"São minhas anotações. Eu as escrevi ao longo dos anos. As palavras, cheias de ódio, violência e fanatismo que foram ditas em nome de Deus. São todas muito encorajadoras."

O Rabino e as Marcas da Religião

Interrompi meus pensamentos para perguntar se havia entendido bem o que ele acabara de dizer. "Como pode o ódio ser encorajador?

Você não consegue mudar a menos que se livre completamente das velhas e más ideias. Tudo está acontecendo agora, enquanto nós conversamos, no planeta. Chegou a hora, aqui está a prova."

Nós folheamos algumas de suas páginas e fiquei atônito com o que eu li.

"Olha só essa aqui", o rabino apontou com o dedo. "Ódio é bom, Deus nos conclama a odiar, é o que fala esse homem que se diz um cristão."

> "Quero deixar que uma onda de intolerância se espalhe por todo seu ser. Quero que você deixe uma onda de ódio lavar você por dentro. Sim, o ódio é bom. Nossa meta é uma nação cristã. Nós temos uma missão bíblica, fomos chamados por Deus."
> **Randall Terry, fundador da Operação Resgate, jornal _O Sentinela_, Fort Wayne, Indiana, Estados Unidos, 16 de agosto de 1993**

O rabino virou a página.

"Há ainda essa pérola disparada por um homem que se autodenominava um pastor. Ele está do lado de cá agora, mas ninguém ainda vai falar com ele. Ele tem primeiro de acordar e, como se diz na Terra, ver que o dia já começou. Quando chegar o momento, o sr. Falwell terá um despertar nada fácil. O reverendo não vai ter a danação do fogo eterno, nenhum demônio para espetar seu tridente em seu traseiro. Serão apenas suas palavras para assombrá-lo."

> "[homossexuais são] bestas selvagens... parte de um sistema satânico e abominável e [que] serão totalmente

aniquilados, e haverá então uma festa no paraíso."
**Jerry Farwell,** *A Bíblia Assim me Diz.*

"Ainda tenho mais palavras de sabedoria." Ele virava mais páginas do livro. "Novamente vindas de alguém que se proclamava um enviado de Deus. Este homem diz com todas as palavras que conversa com Deus todas as noites", o rabino sorriu de lado. "Este pastor tem de se preocupar com quem é que está, na verdade, respondendo do outro lado da linha."

"A agenda feminista não aborda os direitos iguais para as mulheres. Fala sobre o socialismo, movimento político contra a família, que encoraja as mulheres a deixarem seus maridos, matarem seus filhos, praticarem bruxarias, destruírem o capitalismo e se tornarem lésbicas."

**Pat Robertson**

O rabino logo arremata com mais uma de suas "pérolas", dizendo que esta em particular é capaz de resumir tudo. "É tão obviamente ridícula."

"Esses homens dizem que estão falando em nome de Deus, mas, na realidade, falam em nome do medo. Eles usam o nome de Deus, proclamando Seu poder e Sua graça em suas palavras. Eles falam não da graça, mas da escuridão que envolve seus prórpios espíritos, conclamando o mundo a voltar no tempo, regredindo em vez de progredir. São os últimos gritos desesperados de uma época que está morrendo, esses homens e seus pensamentos representam garras que se enterram desesperadamente na luta pelo poder; e o poder, como eles o conhecem, vai rapidamente se esvaindo por entre seus dedos."

"Sim, nós somos reacionários e vocês são intelectuais iluminados: vocês, intelectuais não querem que voltemos no tempo 1.400 anos. Vocês, que

O Rabino e as Marcas da Religião

querem liberdade, liberdade para qualquer coisa, liberdade para os indivíduos, vocês que querem todas as liberdades, vocês intelectuais: a liberdade que vai corromper sua juventude, a liberdade que vai abrir caminho para a opressão, a liberdade que vai arrastar sua nação para o fundo."

**Ayatollah Khomeini**

"São páginas e páginas como esta, cada uma ainda mais execrável do que a outra. Todos esses espíritos defendem o vazio; tudo o que pregam é uma reação contra um movimento, uma causa ou uma filosofia. Há uma renovação se formando, e esses espíritos estão preocupados porque veem suas ideias e valores sendo rejeitados, com o passar de cada dia, pelos novos espíritos que estão chegando ao planeta."

O rabino chamou minha atenção a esses novos espíritos, mostrando como eles estão ajudando a criar um novo plano de existência na Terra.

"Você sabia que a maioria das pessoas na Terra acredita em reencarnação? Carma, apesar de nem sempre ser bem compreendido, já virou uma palavra comum no vocabulário geral. Muitos acreditam que anjos estão presentes em suas vidas cotidianas. Uma nova conexão está sendo feita com o cosmos. Esses espíritos, ele deu um tapinha sobre a capa de couro do livro, "e seus seguidores tremem só de pensar que existem pessoas que pensam por si mesmas".

O rabino sabe que o processo é doloroso e difícil, mas para curar as feridas do medo e do ódio, a causa precisa ser exposta "como uma carcaça apodrecendo ao sol".

"Nós, espíritos, só evoluímos quando vemos nossas falhas. Nossos egos nos dizem que não temos defeitos. Por isso, sofremos. Fracassamos. Sentimos a dor, a perda, a humilhação.

Então, em um momento glorioso e abençoado de percepção, nós entendemos. Vemos por meio das mentiras que costumamos contar a nós mesmos como se estivéssemos assistindo a nossas próprias imagens em uma enorme tela de cinema, onde nossas fraquezas e medos ficam totalmente expostas. Neste momento sagrado, encontramo-nos pela primeira vez. E então, pela graça de Deus, seguimos em frente."

"As mesmas regras que regem os espíritos também regem a Terra e o Universo?", perguntei. Se a resposta fosse afirmativa, tudo estaria mais do que explicado.

O rabino sorriu e fez que sim com a cabeça. "Claro. Só existe uma lei, sem brechas ou advogados que consigam burlá-la. A lei é clara e imutável. Enquanto conversamos, as falhas do passado estão surgindo. O horror do ódio açoita e castiga com os pesados grilhões da velha era. Por quê? Chegou a hora para o momento sagrado e abençoado em que vemos além das palavras, dos discursos, das proclamações. E então, o mundo seguirá em frente."

Eu fiquei intrigado e perguntei se o mundo seguia no caminho de uma única religião universal.

"Não", foi a resposta rápida e categórica do velho espírito.

"A transformação do planeta não chegará até isso. O que vai acontecer, depois que o medo e o ódio forem sanados, é uma tolerância calma de ideias e um diálogo ponderado com a genuína busca pela verdade."

"Algumas pessoas se apegam desesperadamente à 'velha era', enquanto a 'nova era' se aproxima. Isso é normal, é natural, um sinal certeiro de que a mudança está acontecendo. De uma forma ou de outra, o que é velho vai sair e o que é novo vai invadir e preencher o vazio. Pode chamar de troca de energias, se quiser. Só que vai muito além disso. A Terra está começando um novo capítulo de evoluação moral, econômica e religiosa. O parágrafo de abertura desse capítulo está sendo escrito agora mesmo. E todos terão sua oportunidade."

***Ed, direto do Outro Lado da Vida.***

A SEGUIR... UM CAMINHO SEM VOLTA...

## Capítulo Quatorze

# *Mais Mudanças, Mais Feridas – o Padre*

*Jack Pursel, um vendedor de seguros aposentado da Flórida, vivendo na cidade de Los Angeles, cerra seus olhos e fala com a voz de Lazaris, uma entidade espiritual de origens incertas.*

*"Quantos anos você tem?", ele pergunta.*
*"No nosso mundo, nós não medimos o tempo", diz Lazaris.*
*"Por que você está fazendo com que os homens saibam de sua presença?"*
*"Porque agora vocês estão prontos."*
*"O mundo está para acabar?"*
*"Não. Resumindo, não. Este não é um fim. Este é o começo."*

**TIME, NEW AGE HARMONIES, P. 66, 7 DE DEZEMBRO DE 1987.**

"As pessoas que querem ser curadas, mas pensam que podem alcançar a cura sem sentir dor, são como aqueles que são a favor do progresso, mas pensam que podem alcançá-lo sem passar por mudanças."

**ANTHONY DE MELLO, PADRE JESUÍTA**

"Tenho tanta vergonha do que foi feito em nome de Deus. Eu me sinto arrasado e ultrajado por algumas das ações da Igreja de que eu já fiz parte", admitiu o padre. "Agora, trabalho aqui como um monitor para, como dizem meus amigos budistas, ajudar a equilibrar novamente meu carma."

Como o rabino, esse padre observa a Terra, filtrando e estudando o momento que se aproxima e que colocará o planeta às portas de uma nova era.

Esse espírito é um negro alto e elegante. Os cabelos negros e crespos cobrem toda sua cabeça, exibindo ainda um rosto redondo e suave. Olhos azuis e penetrantes parecem avisar que nenhum detalhe lhes escapa, nenhuma palavra deixa de ser ouvida e nenhum movimento passa sem ser percebido.

Ele diz que tem uma história para nos contar. É sobre um jovem que fez sua passagem há pouco tempo.

"Sua morte foi trágica e violenta, mas sua vida e morte contribuíram para a purificação da vibração terrestre.

Você não pode apagar o que não está escrito ou fazer sumir o que não pode ser visto. E o mais importante: nada pode ser retirado ou descartado por si mesmo. As condições precisam ser corretas, o momento deve ser apropriado e os espíritos devem estar prontos. A Terra foi uma raiz, por décadas e décadas; o Universo está abrindo caminho. Os novos espíritos estão encarnando para abrir portas e começar a cura. Os novos sistemas de comunicação estão trabalhando para expor as feridas pútridas causadas pelo ódio, intolerância e ignorância. Enquanto conversamos, a vibração terrestre está literalmente vomitando seu lixo, para que a humanidade possa vê-lo, limpá-lo e descartá--lo".

Depois de dizer isso, o padre começou a contar a história de Matthew, um jovem que fazia parte dessa limpeza. "Ele era

Mais Mudanças, Mais Feridas – o Padre

um dos espíritos de que o rabino falou a respeito. Ele encarnou com uma missão, que foi levada com ele daqui deste lado, para abrir caminhos para a mudança. Como ele fez isso foi chocante e traumatizante. Era para ser assim, e o resultado de seu sacrifício ainda ecoa por todo o planeta."

Matthew retornou de sua missão há uns dez anos; ele estava na faculdade em uma pequena cidade americana.

"Falei com ele muitas vezes", o padre relatou. "Ele é um espírito aberto e generoso, que amava a vida e todos ao seu redor. Ele era tão amoroso que escolheu deliberadamente as circunstâncias de uma vida que terminaria com sua terrível morte."

Com pouco mais de 20 anos, Matt foi assassinado. Por nove horas, teve seu corpo espancado, torturado e abandonado preso à cerca de uma fazenda para morrer. Uma testemunha disse que seu rosto era uma polpa sangrenta. Os únicos espaços limpos do sangue "foram aqueles por onde as lágrimas escorreram".

"Matt era gay e foi assassinado porque era gay. Seus assassinos sádicos admitiram isso", o padre recordou.

O padre disse que não ia se aprofundar na "questão gay". "Outra pessoa vai chegar nisso com você. Eu estou aqui para falar sobre um pequeno incidente, em uma pequena cidade, na vida de um jovem, e como sua história criou uma bola de neve que foi crescendo por todo o mundo. A Terra estava pronta, o momento foi o certo, a limpeza começou."

O padre me contou como foi o funeral de Matt. A história, segundo ele, começa aqui.

"Fanáticos religiosos apareceram por lá para fazer sua demonstração. Eles carregam cartazes. Em um deles, havia a foto de Matt, com a data de sua morte escrita logo abaixo. E mais uma frase dizendo: 'O dia em que a alma de uma bicha entrou no inferno'".

"Havia outros cartazes, ainda. NÃO EXISTEM VIADOS NO CÉU, e crianças usavam camisetas com a estampa DEUS ODEIA AS BICHAS. O horror do mundo subiu à superfície, para que todos pudessem ver."

O padre curvou a cabeça, envergonhado. "Esse ato nojento foi feito pela Igreja. Eles mostraram seu ódio em nome de Deus, diante dos olhares da família do garoto assassinado."

O monitor descreveu o que aconteceu a seguir.

"A reação ao ultraje não foi violenta. Diante desses autodenominados líderes religiosos, homens e mulheres apareceram. Eles estavam vestindo grandes túnicas brancas. E se apresentaram como anjos."

O padre fez com que eu me lembrasse do que ele e outros monitores já haviam dito. "Espíritos novos, iluminados e avançados têm encarnado no planeta por décadas, preparando o caminho. Esses espíritos começam a se revelar. Alguns, como Matt, estão sacrificando suas vidas. Outros fazem suas presenças serem notadas por meio de palavras; e outros ainda por pequenos gestos de compaixão, como se vestir como um anjo."

O novo sistema de comunicação chamado Internet fez com que a história de Matt corresse o mundo. Milhões leram sobre sua vida e assistiram a reportagens em vídeo sobre o que ele passou.

O mundo notou. O mundo começou a limpeza.

"Sua mãe, com dinheiro doado que chegava de todos os cantos do mundo, criou uma fundação que tinha um único propósito: ensinar aos jovens a ser tolerantes. Novas leis foram propostas e aprovadas, criando penas pesadas para os chamados crimes de ódio e, em breve, o governo americano vai aprovar uma nova lei* que terá o nome de Matthew, tornando assassinatos como o dele um crime de ódio federal."

O padre admitiu, contanto, que as leis não vão mudar as atitudes, apenas as pessoas podem fazer isso.

Mas as pessoas notaram, e as pessoas tomaram atitudes.

"Celebridades se uniram à causa, levando a história daquele jovem para todas as culturas no planeta. Músicas foram escritas em sua memória, e um filme sobre ele está sendo produzido."

"Parece que algum bem virá deste mal", disse eu.

O padre lentamente balançou sua cabeça, dizendo que eu estava errado.

"O bem não vem do mal. O bem só pode vir do bem. Existe muita bondade na Terra agora e o mal está sufocando e se debatendo em seus últimos suspiros. Ainda existe um caminho longo a ser percorrido e muito sofrimento ainda está pela frente. Mas agora não há um caminho de volta para o que era, para o mal como ele existia."

Depois de fazer uma pausa por um instante, o padre acrescentou: "Agora já temos muitas pessoas se vestindo como anjos."

**Ed, direto do Outro Lado da Vida.**

A SEGUIR... UMA NOVA MATRIZ...

---

*N.E.: A referida lei foi aprovada pelo presidente Barack Obama, em 2009.

Capítulo Quinze

# Por que as Coisas São Como Elas São e por que Elas Vão Ser Como Vão Ser

*"As almas devem reentrar na substância absoluta de onde uma vez saíram. Mas para chegar a isso, elas devem desenvolver, na maior perfeição, a semente que nelas foi plantada; e se não conseguirem preencher esse requisito ao longo de uma vida, precisam iniciar uma segunda, terceira e até uma quarta, até que alcancem a condição que lhes permita se reunir com Deus."*

**– *ZOHAR*, UM DOS PRINCIPAIS TEXTOS CABALÍSTICOS**

O ambiente é claro e arejado.

Não existem livros decorando estantes ou mesas de centro, nenhum porta-retratos ou lembranças; não há nada à mostra que possa lembrar aos espíritos sua antiga vida na Terra.

"Não preciso desse tipo de coisa, talvez porque não quero me lembrar de minha última vida. Só olho para o futuro, porque olhar para o passado foi, e ainda é um desperdício de tempo. E já desperdicei tudo o que tinha para desperdiçar."

Mario e eu estamos em pé, frente a frente, enquanto ouço sua história.

"Tenho uma ideia de porque o Pai lhe mandou aqui", começa ele. "Ele quer que eu seja parte dessa grande limpeza que está acontecendo. Ele me contou que você está escrevendo reportagens para a Terra; e eu posso ter alguma coisa importante para dizer. O padre disse a você que alguém ia tocar na 'questão gay'. Acho que essa batata quente foi jogada no meu colo. Então, vamos lá."

Mario tinha 63 anos quando morreu, deixando para trás esposa e três filhos.

Além disso, ele também era gay.

"Pensando bem a respeito, eu soube que era gay aos 15 anos", relembrou Mario. "Apesar de saber, não podia admitir, nem para mim mesmo. Tinha pavor da reação das pessoas, morria de medo de ser um excluído e tinha certeza de que ser gay iria acabar com a minha vida. Bom, foi o que aconteceu", ele admitiu. "Mas não da forma como você pode estar pensando. Eu acabei com a minha vida. Literalmente, joguei minha vida fora. Não porque eu era gay, mas porque fui um covarde."

Sua última encarnação acabou em 1985 e, de acordo com ele, foi a mais difícil.

"Quando você está aqui, a soma de todas as nossas vidas começa a entrar em foco, quando temos a oportunidade de nos ver por completo. Por exemplo, em minha última encarnação, precisei desenvolver a coragem. Então, depois de muita discussão com meus guias, mentores e comigo mesmo, eu tomei uma decisão. Decidi ser gay."

Ele dá uma piscadela e pede licença para se estender um pouco. "Vou chegar à minha história daqui a pouco, isso é importante.

Existem espíritos ignorantes, na Terra, que armam suas tribunas todos os domingos afirmando que os gays escolhem o estilo de vida homossexual porque são moralmente fracos ou pervertidos."

Mario encolhe os ombros e, apresentando um sorriso maldoso nos lábios declara, dramaticamente: "Eles estão certos".

Em seguida, ele rapidamente prepara uma explicação. Eu não fiquei surpreso nem chocado com a declaração de Mario, porque já sei exatamente onde ele quer chegar.

"A escolha é feita antes de se encarnar. Eu optei por nascer gay porque precisava enfrentar as provas, os julgamentos, o preconceito e o ódio francamente ignorante que envolve a vida do gay. Então escolhi o *glamour* das lantejoulas e purpurinas", ele deu uma gargalhada, mas imediatamente voltou a assumir um tom bem sério.

"É muito importante entender isso. Nós, espíritos, não somos machos ou fêmeas. Nós não pertencemos a uma raça branca, negra ou oriental. Nenhum de nós é americano, italiano, chinês ou japonês. Nossos espíritos são neutros. E ninguém dentre nós é gay ou hetero. Somos o que somos: uma energia criada por Deus.

Como eu disse, precisava desenvolver coragem. Em outras vidas, eu fugia de qualquer conflito, nunca encarava as dificuldades e sempre tentava achar uma saída fácil para meus problemas. Decidi acabar com isso. Já era hora de aprender a dançar conforme a música. Eu queria progredir e, por razões de relevância para meu próprio espírito, foi esse o caminho que escolhi trilhar."

Mario gesticula calmamente, admitindo que não cumpriu a missão que ele mesmo se impôs.

"Mais uma vez tive medo, e agora, depois de tantas idas e vindas para a Terra, finalmente descobri o quão alto é o preço que se paga pelo medo."

Ele disse que do lado de cá, ou mesmo enquanto ainda estava na Terra, refletiu sobre as escolhas que tomou ao longo do caminho.

"Quando eu tinha 17 anos, tive uma paixão colegial por um colega de classe. Eu o desejava e precisava dele com toda a força das emoções que o meu coração adolescente podia gerar. Nós podíamos... tivemos a oportunidade... eu decidi não ir em frente. Estava com medo. Essa foi a primeira vez que neguei a mim mesmo quem eu realmente era; muitas outras vezes vieram depois. Ainda fico imaginando como teria sido se decidisse ficar com ele. Que emoções e sentimentos reprimidos poderiam ser liberados naquela época, quando eu tinha 17 anos?

Quando tinha 20, já na faculdade, um amigo meu me confessou que estava apaixonado por mim. Outra oportunidade para o que poderia ter acontecido. E eu não... de novo, o medo e a vergonha foram soberanos. Por mais tempo ainda, fechei as portas para quem eu era. E, claro, ainda fico imaginando como poderia ter sido.

Finalmente, aos 25, eu me entreguei. Ele e eu: nós nos conectamos de tal forma que logo vi como era para ser a minha vida, porque finalmente tive uma ligação verdadeira com alguém. Mas, o medo e a vergonha voltaram a me assombrar. E me tranquei de novo. Nunca mais o vi e ainda fico imaginando as possibilidades do que poderia ter acontecido."

Mario me disse que teve diversas namoradas; seus amigos o julgavam o próprio conquistador, o tipo que ganhava todas.

"Tentei entrar no esquema que todo mundo dizia ser natural. Jamais foi natural pra mim, mas eu desperdicei um bocado de tempo tentando me convencer, e convencer aos outros, que era pra valer."

Quando completou 31 anos, Mario se casou.

"Eu sabia que estava errado", ele relembra amargamente. "Naquela época, já tinha experimentado relacionamentos com homens e sabia quem e o que eu era."

"Eu me escondia atrás de uma esposa e meus filhos", ele conta, com um enorme ressentimento marcando cada uma de suas palavras. "Eu me escondia de mim mesmo, era uma grande bobagem. Eu a usei e isso foi um verdadeiro crime. Nenhum de nós era feliz, nenhum de nós tinha uma vida verdadeira e nenhum de nós chegou a ser o que quer que poderíamos ter sido."

Apesar de Mario não ter cumprido a missão que ele próprio escolheu, o espírito afirmou: "Aprendi bastante, mesmo não sendo o que eu deveria ter aprendido. É sobre isso que o Pai quer que eu converse com você.

Aprendi sobre o ódio e a intolerância. Eu vim a entender o vazio e a marcas que essas vibrações geram. Joguei fora toda uma vida e uma preciosa oportunidade por causa do medo. Desperdicei energia e talento sendo alguém que eu não era, em vez de canalizar minha existência sendo o que eu poderia ser.

Nós trazemos dentro de nós uma semente plantada por nosso Criador com uma promessa de grandeza. Essa semente não serve apenas para nós, mas deve também ser compartilhada com os outros. Meu potencial, meus sonhos, minhas esperanças sumiram como fumaça, porque fui um medroso. Agora pago o preço por meu maior medo, o medo de ser quem eu realmente era."

O espírito, percebi, estava desabafando sobre uma vida de frustração, culpa e autorrecriminações. Enquanto conversamos, seu discurso é cheio de certeza e sua energia é do mais alto nível.

"Quem sabe o que eu poderia ter sido se fizesse escolhas diferentes? Quem sabe como o mundo poderia ser diferente se eu, e outros como eu, vivessem seus potenciais e não seus medos, compartilhando luz em vez de se esconder na escuridão. Os danos causados pelo ódio vão além do indivíduo; também destroem as sociedades e nações, porque negam ao mundo a energia completa que emana de todos – quando alguns a cobrem com o medo."

E, sem o menor traço de emoção em seu rosto, Mario acrescentou:

"Eu ainda fico imaginando como poderia ter sido. Tento imaginar o que poderia existir agora, onde só há um vazio melancólico. Essas possibilidades castigam meus pensamentos, como um martelo castiga um prego.

O planeta está se modificando. Transformações dramáticas estão se iniciando. Pesquisadores estão revelando o mistério por que as pessoas são como elas são. Eles vão informar que a personalidade e o individualismo estão ligados à carga genética do corpo. Todos os dias, eles provam o que pensadores místicos disseram durante séculos: existe um maravilhoso e misterioso Universo em funcionamento, onde nada é deixado ao acaso. A cada nova descoberta, os cientistas confirmam o que os espíritas sempre souberam: os espíritos, antes de nascer, decidem sobre suas limitações na vida. Eles escolhem o corpo, o gênero e o ambiente em que vão moldar as provas e eventos de uma encarnação."

Mario descreveu uma nova Terra, onde os espíritos serão livres para desenvolver seus potenciais, uma vibração em que a evolução será livre do preconceito, cobiça e ódio.

"Os ensinamentos oferecidos pelo planeta vão mudar, porque os espíritos que estão vivendo lá estão mudando."

O espírito chamou minha atenção para a geração que agora chegava para seu período na Terra. Ele relembrou o que o rabino e o padre disseram: "Existem espíritos que já estão lá e que estão preparando o caminho para a nova onda que está por vir".

"Eles são diferentes e aqueles que estão chegando também são diferentes. A intolerância é um cadáver apodrecido que será finalmente visto como ele é; uma metralhadora que dispara sem parar balas de medo nos espíritos."

Perguntei se ele iria encarnar dentro de pouco tempo.

"Dentro de muito pouco tempo."

Perguntei se seria na Terra.

"Pode apostar, não perderia isso por nada no mundo. Eu decidi vencer meu maior medo. Jurei que desta vez vou me libertar, porque quando eu o fizer, estarei ajudando aos outros libertarem a si mesmos, também."

"E qual", interroguei, "é o seu maior medo?"

"É o que sempre foi: o medo de ser eu mesmo."

***Ed, direto do Outro Lado da Vida.***

A SEGUIR… ÚLTIMA RODADA….

# Capítulo Dezesseis

# O Monge

*"O Budismo sustenta que tudo está em fluxo constante. Assim, a questão é se aceitamos passivamente mudar e ser arrastados por esse fluxo ou se nos adiantamos e criamos mudanças positivas por nossa própria iniciativa. Enquanto o conservadorismo e a autoproteção podem ser equiparados ao inverno, à noite e à morte, o espírito pioneiro e idealista evoca imagens da primavera, da manhã e do nascimento."*

**DAISAKU IKEDA**

*"Tudo muda, nada permanece imutável."*

**PRÍNCIPE HINDU GAUTAMA SIDDHARTA**

Sons de cordas. Mantras sendo cantados. Incenso queimando. Encontro o monge budista no que poderia chamar de um "templo além da vida". Ele me dá um aceno de mão, dizendo que estou vendo o que esperava ver. O enorme robe vermelho que ele está usando, a pele enrugada e a cabeça raspada que vejo também são parte dessas mesmas expectativas.

"É uma ilusão", diz ele, "e como todas as ilusões, é irrelevante".

Ele, como o padre e o rabino, também é um monitor e cada um, de sua própria perspectiva, mantém seus olhos voltados para a Terra.

E é assim que o espírito descreve os olhos que está usando.

"O Budismo nunca foi uma religião; seu foco não é um Deus externo. Os budistas concentram energia em despertar o espírito interior. Eu me lembro de uma história sobre Buda, quando ele vivia na Terra. Um aluno lhe perguntou se ele era o Messias. A resposta foi não. O mesmo aluno perguntou se ele era um professor, e novamente recebeu uma negativa. Irritado, o jovem monge exclamou: 'O que você é, afinal?'. E para essa pergunta, Buda respondeu calmamente: 'Eu sou alguém que despertou'".

O monge conta a história, segundo ele, não para explicar o Budismo. "Este não é o lugar nem o momento para isso." Mas ratifica que está "descrevendo os olhos" que usa para interpretar as transformações na Terra.

"Falo com esses olhos e a partir do espírito interior.

Este é um tempo de grandes desafios e promessas. Esta transformação não é o resultado da evolução constante e tranquila que a Terra vem experimentando desde que a vida ali começou. A intensidade e o dinamismo que se apresentam sugerem uma transformação diferente; este é o fim de um ciclo e o começo de um novo. A vibração está trocando seu velho e vivido propósito. A Terra, desde o princípio, foi um mundo de testes, provas e lições. Aquelas lições, ao longo de milênios, basicamente permaneceram as mesmas e são ensinadas por meio da competição, tentação e perda."

O velho monge olha para mim, seus olhos brilhantes mostram que ele espera por uma pergunta. Não desperdiço nem um segundo. Depois de algum tempo ouvindo os monitores e espíritos que encontrei, tenho muitas perguntas.

"Se o velho acabou, o que é o novo? Você afirma que a Terra está terminando um ciclo e começando outro. Sem palavras difíceis ou discursos empolados, o que é este novo ciclo?", deixei claro que não queria parecer rude. "Só quero uma resposta simples e direta."

O monge riu, dizendo que não me considerava nem um pouco mal-educado. Ele sabe que tem o que chama de "um hábito budista de falar por enigmas" e isso pode ser "bem irritante". Prometendo que seria o mais sucinto possível, o monge no robe vermelho continuou.

"A harmonia é o próximo grande passo na evolução espiritual. Quando um espírito descarta o ego, a teimosia, o orgulho e o egoísmo, ele tem de integrar as novas energias que substituem aquelas mais baixas. A Terra está se preparando para ser um mundo em harmonia, onde os espíritos aprendem como consolidar suas novas vibrações a fim de se preparar para ainda mais um passo na sua evolução".

O monge esfrega seu nariz e sorri. "Você se lembra como nós começamos essa conversa? A história de Buda", disse.

Acenei com a cabeça, afirmativamente.

"Você se lembra do que Buda disse que era? Alguém que havia despertado. Eu despertei. Tenho ciência de quem sou, o que sou. Sou unido ao meu espírito interior, sou unido ao Universo. Eu estou em harmonia.

Assim é a nova escola terrestre, um lugar onde os espíritos preenchem o espaço que foi deixado vazio pelo ego, livre-arbítrio, orgulho, egoísmo. Na nova Terra, os espíritos vão ter com eles todas essas novas vibrações. Não será uma escola de lições e provas, o novo planeta será uma escola de estudo, diálogos e descobertas."

Atrás de nós, a ilusão que formava o templo se desfez. Eu me vi flutuando, com o monge, no espaço vazio. Nós dois sabemos que as aparências enganam porque esse vácuo aparente está vivo e vibrante.

"Isso é harmonia. Isso é estar vivo, desperto e livre. A Nova Era na Terra vai ajudar a preparar os espíritos para isso; o primeiro passo dos últimos passos em direção à unificação final com a Criação."

De repente, estávamos de volta ao templo e o bondoso espírito ao meu lado revelou um pouco sobre uma de suas vidas passadas.

"Antes de ser um budista, tive muitas vidas. Em uma delas, trabalhava em um bar de Nova York. Antes de fechar, eu costumava tocar um sino e avisar aos clientes mais demorados: 'última rodada'."

O monge disse que chegou a hora da "última rodada" na Terra.

"Em toda cultura, em todo país", entusiasmou-se o monge, "existem agora pessoas apontando o caminho, podem ser chamados de 'mensageiros'; espíritos espalhando palavras que pregam o novo rumo para a vibração terrestre.

Os espíritos na Terra anseiam pela verdade porque as velhas mentiras já não lhes trazem conforto. Logo, aqueles que estiverem prontos vão compreender, e aqueles que ainda não estão prontos não vão seguir em frente."

Estava pronto para fazer uma pergunta, mas o monge me fez um sinal para esperar. Ele queria dar as respostas ao que está acontecendo no planeta agora.

"Controle seu desejo pelos ganhos materiais. Procure em seu interior, e nos espíritos que o amam, por algo que preencha você. A energia material da Terra está se esgotando; sua energia espiritual é infinita.

Aprenda a ver através do corpo denso e físico para enxergar sua alma. Os limites que dividem humanidade estão sendo apagados; chegou a hora de trabalhar nos limites do espírito.

Aceite os outros como eles são. O novo tecido da Terra precisa da harmonia da energia, da criatividade e do talento de todos."

O monge alerta: "Aqueles espíritos presos às velhas ideias estão perdendo seu lugar no mundo, eles estão ficando isolados. O mundo está se modificando depressa demais para eles. As suas vibrações e níveis de energia não conseguem entender a transformação que se realiza".

Agora, eu interrompi com uma pergunta que estava buzinando em minha cabeça: "O que acontece com eles, os espíritos que lutam contra a mudança? Qual será o destino deles"?

"O Universo é um lugar bem grande. Um novo lar está sendo preparado para eles. Cristo disse que na casa de Seu Pai havia muitas moradas. Deus não abandona nem um cisco de Sua Criação. Ele não abandonará esses espíritos, eles simplesmente continuarão fazendo o que fizeram até agora: procurando seu próprio caminho para casa."

Fiquei curioso para saber como esse "reassentamento" ia acontecer. Perguntei se seria por meio da força ou da persuasão.

O monge encolheu os ombros e sacudiu a cabeça.

"Às vezes sim, às vezes não. Na Terra, quando as grandes empresas precisam demitir seus empregados, elas oferecem o que se conhece como 'demissão premiada'. Isso vai acontecer; vidas vão se perder durante as transformações. Outros, com o passar do tempo, vão simplesmente desencarnar e não mais terão permissão para voltar. Algumas vezes a mudança é dolorosa e, para os que resistem, a dor será a maior possível. Às vezes, a mudança pode ser como vestir um novo par de luvas. Basicamente, vai depender de cada espírito."

Antes que o ciclo se complete e a Nova Era comece, disse o budista, "governos vão cair, limites entres nações vão mudar e algumas religiões vão simplesmente vagar e morrer. Tudo isso é bom, tudo isso foi planejado; não há nada a temer".

O monge não quis terminar sua entrevista com "uma mensagem tão sombria", e pediu para continuar, compartilhando dois pensamentos conosco.

O primeiro é o de seu amigo, Anthony de Mello, um padre jesuíta.

"O padre Anthony foi censurado por sua própria Igreja pelo que escreveu e pregou. Antes de morrer, ele lançou o que se poderia chamar de sua 'última rodada' na Terra. Nestas palavras, você pode ver a profecia de uma Nova Era:

'Estas coisas vão destruir a raça humana: política sem princípios, progresso sem compaixão, riqueza sem trabalho, aprendizado sem silêncio, religião sem destemor e adoração sem consciência.'"

O monge usou as palavras de Mello para delinear uma prévia da Nova Era que está chegando na Terra.

"A Terra está vivendo os resultados da política sem princípios; uma Nova Era de princípios vem aí. Eles já viram as consequências do progresso sem compaixão; seu sistema econômico está se desmoronando à sua volta. Eles vão aprender em silêncio; a harmonia se conquista pela contemplação e simples atos. O ser humano já não terá medo de questionar suas religiões, fé ou crenças. Religiões irão morrer e 1 milhão de novas religiões tomarão seu lugar. E, finalmente, os espíritos adorarão a Criação não com palavras murmuradas, mas por uma consciência do Criador em cada um deles."

"Isso se chama harmonia", explicou o monge.

Agora, o espírito sugeria um pensamento da filosofia budista. "É um dos meus favoritos", ele contou. "Eu mesmo o escrevi: 'Renunciação não é se livrar das coisas deste mundo, mas aceitar que elas vão se acabar'".

O monge sorriu e fez um leve gesto com a cabeça.

"Acho que isso diz tudo."

***Ed, direto do Outro Lado da Vida.***

A SEGUIR... A ÚLTIMA BARREIRA...

# Capítulo Dezessete

# A Limpeza da Raça

*"O homem surgiu em muitos pontos do globo?*
*Sim e em épocas várias, o que também constitui uma*
*das causas da diversidade das raças. Depois, disper-*
*sando-se os homens por climas diversos e aliando-se os*
*de uma aos de outras raças, novos tipos se formaram.*
*Estas diferenças constituem espécies distintas?*
*Certamente que não; todos são da mesma família.*
*Porventura as múltiplas variedades de um mesmo*
*fruto são motivo para que elas deixem de formar uma*
*só espécie?*
*Pelo fato de não proceder de um só indivíduo a*
*espécie humana, devem os homens deixar de consi-*
*derar-se irmãos?*
*Todos os homens são irmãos em Deus, porque são*
*animados pelo espírito e tendem para o mesmo fim.*
*Estais sempre inclinados a tomar as palavras na sua*
*significação literal."*

**O LIVRO DOS ESPÍRITOS, ALLAN KARDEC**

Mudança, transição e vibrações mais altas; desde o começo deste livro, estamos falando sobre isso.

Fomos além das transformações econômicas que estão se espalhando sobre a Terra, sem nos importar com os problemas financeiros que levam à crise mundial, mas procurando pelas razões espirituais por trás do caos. Nós as encontramos: a cobiça e o egoísmo simplesmente esgotaram a energia. A dor e o sofrimento que surgem no planeta precisam emergir, para que todos, sentindo as consequências dos valores vazios, possam ajudar a abrir caminho para a mudança.

Nós ouvimos sobre como o planeta está se modificando fisicamente e aprendemos como os planetas têm se modificado desde o momento da Criação. Vimos a ligação entre a mudança no planeta e a mudança nas nossas vidas: as duas andam lado a lado.

Testemunhamos as marcas do ódio que subiu à superfície, como uma espécie de espuma química em um lago poluído e ouvimos como a limpeza dessas marcas precede o amanhecer de uma nova harmonia no planeta.

Mas temos uma grande reportagem que ainda devemos cobrir. É sobre a raça.

Seres humanos, ao longo dos séculos, organizaram-se não apenas por meio de linhas econômicas, sociais e nacionalistas; eles também se definem por raças.

Existiram milhares de pequenos Hitlers fazendo com que a divisão racial vibrasse pelo planeta, quase desde que os humanos primitivos descobriram com tirar faíscas de galhos de madeira para fazer fogo pela primeira vez.

Cada geração viveu com os resultados disso: segregação, *apartheid* e discriminação.

Agora, começo uma nova reportagem. Desta vez, não com um monitor. Em vez disso, vasculhei e encontrei por um dos "pequenos Hitlers" de nosso mundo.

## GEORGE LINCOLN ROCKWELL
## O FÜHRER AMERICANO

A melhor definição desse homem: um aspirante a Hitler.

A melhor definição desse espírito: fascinante.

A melhor definição desta entrevista: interessante.

Nós nos encontramos no que eu chamo de minha casa do lado de cá, um espaço para mim e minha coleção de lembranças da Terra: livros de história, recortes de jornais e uma variedade de clipes de áudio e vídeo contando a história do planeta, selecionados por mim pessoalmente desde que cheguei aqui.

O homem sentado à minha frente está impaciente; ele carrega uma energia intensa e nervosa. Seu nome é George Lincoln Rockwell, ou, como ele costumava ser chamado, o *Führer* americano.

Comecei a entrevista mostrando-lhe um vídeo feito há muitos anos da Terra, onde ele aparecia como o "comandante" do Partido Nazista Americano.

Seus olhos negros se arregalaram quando viu seu rosto de muio tempo atrás.

Um leopardo não muda suas pintas apenas porque você o tirou da selva e tentou domá-lo como um bichinho de estimação. Ele pode aprender a manter suas garras guardadas para poder implorar por algumas migalhas que caem da mesa de jantar e você pode ensiná-lo a ser um burro de carga, mas não pode fazê-lo esquecer de que ele sempre foi o que nasceu para ser: um animal selvagem.

"Uma pergunta simples, sr. Rockwell, a quem ou a que o senhor se referia?"

A resposta veio rápida, sem nenhum momento de hesitação, nem mesmo um piscar de olhos.

"Os negros. Explicava como, não importava o que o homem branco fizesse, o homem negro ainda seria um animal."

Não fiz nenhum comentário. Apenas deixei que visse mais um trecho do vídeo.

"É verdade que ninguém nasce odiando essas criaturas que são menos desenvolvidas. Também é verdade que nós nascemos sem a habilidade de discriminar dentre o que é bom ou ruim para nosso bem-estar. Entramos neste mundo sem saber nada e aprendemos com a experiência. O ódio racial se cria a partir da exposição ao esgoto fedorento da subumanidade não branca. Para os brancos que já viveram perto das bestas negras ou viram esses animais em seu próprio ambiente, é fácil sentir o ódio por esses selvagens de pele cor de excremento."

Rockwell balançou a cabeça e franziu os lábios.

"Eu não disse isso. Essas não foram minhas palavras. Podia ter dito isso, mas não disse."

O ex-comandante estava certo. Eu havia escolhido um dos vídeos do meu arquivo, especialmente para este momento. "Queria ver sua reação. Isso foi o que você deixou para trás. É o seu legado."

O autodenominado *Führer* sorriu.

"Não é o meu legado. Não sou o responsável pelo ódio. No entanto, posso dizer a você quem é: todo mundo. Cada espírito que já caminhou sobre a Terra. Não há diferença quando ou quantas vezes, todos são responsáveis. O ódio vive nos espíritos que passaram pela Terra porque o ódio era parte da Terra."

Enquanto estava vivo, Rockwell era conhecido por sua retórica floreada. Ele não mudou. Depois de uma pausa perfeitamente dramática, ergueu as sobrancelhas e assinalou: "Por favor, perceba o uso do verbo 'era.'"

A Limpeza da Raça

Isso me intrigou. Olhei de volta para ele, também com as sobrancelhas erguidas e sinalizei para que prosseguisse.

"Ninguém compreende o racismo mais do que um racista. Como diz o velho ditado, 'cada um reconhece seu próprio mau cheiro'. Eu farejo o medo em todo espírito enviado para a Terra. Sabe por quê? Está em nós, e nos controla. Todo ser humano, mesmo sem saber, quer o Universo para si. Essa ânsia é parte da energia que nos dirige à perfeição."

Tento interromper, mas ele ergue a mão e me detém. "Deixe-me terminar a linha de raciocino", protestou; "depois terá sua vez".

Não me sinto muito feliz em receber uma ordem de Rockwell, ou de qualquer outro que fizesse o estilo provocador, mas deixei que ele falasse.

"Nosso desejo por progresso, que nos foi dado por Deus, é a mesma energia que nos limita. Lutando por evolução, temos medo. Temos medo de não ser bons o bastante. Temos medo de fracassar e perder nosso rumo. E mais, bem lá no fundo, ficamos aterrorizados com a ideia de que alguém possa chegar na nossa frente; alguém, além de nós, vai viver o que Deus nos reservou antes que nós possamos chegar lá."

"Então, escolhemos os demônios: judeus, negros, asiáticos e hispânicos. Basta escolher o nome, nós os odiamos. Dizemos a nós mesmos: 'Eu sou melhor do que eles. Devo cruzar a linha de chegada antes e se não conseguir, então ninguém vai conseguir'. Inveja, insegurança e mesquinharia são as causas do racismo; não medo da cor da pele ou dos olhos. O racismo é o medo de nossas próprias falhas, uma repugnância de aceitar a nossa fraqueza e ainda uma repugnância de aceitar a nós mesmos."

Admiti que estava chocado. Esse não era o Rockwell que esperava encontrar.

O "comandante" fez um leve aceno de cabeça e sorriu.

"É o nosso maior medo que espreita por trás do ódio, da raiva e da inveja. É o pânico de jamais sermos o que realmente somos: espíritos com a luz de Deus lutando para alcançar a perfeição. Temos medo de não ser bons o bastante e nunca seremos, porque bem lá no fundo não há o que queiramos mais do que nos reunir com nosso Deus."

"O senhor é demais, sr. Rockwell", confessei. "É mesmo demais."

O espírito deu uma gostosa gargalhada. "Eu é que me surpreendo. Você pensou que iria ouvir um palhaço cheio de pompa e circunstância, desfilando com um uniforme nazista, recitando versos ensaiados sobre o ódio. Não precisa se desculpar, eu era esse tipo de imbecil."

"E", ele acrescentou, "eu ainda era, até pouco tempo atrás".

O "comandante" disse que quando fez sua passagem, assassinado por um de seus seguidores, ele imediatamente foi atraído para perto de espíritos que compartilhavam suas vibrações.

"Essa atração acontece com todo mundo, no início. Eu era arrastado pela visão da suástica e pelo som das botas em marcha. Aquela multidão que lotava as praças de Munique não é tão interessante quando você passa a conhecê-la melhor."

Então, relatou, ele se cansou daquilo. "As mesmas coisas, dia após dia, noite após noite. Tinha de existir algo mais." Ele contou que no momento em que quis "algo mais", seu espírito enviou um pedido de ajuda para o Universo.

"Quase que imediatamente fui rodeado por meus guias, mentores e conselheiros – pode chamá-los do que quiser, são os espíritos que sabiam quando eu estava pronto para seguir em frente. E o mais importante, eram espíritos que me compreendiam. Eles me ajudaram a reconhecer meus medos. O resto ainda está sendo trabalhado."

"E agora sou esse sujeito charmoso falando com você", brincou ele; "um velho racista que sabe o que foi, mas que também sabe que existe apenas uma saída. Temos de aprender a ter compaixão, sem que seja necessária uma causa."

Olhei para Rockwell, esperando por uma explicação.

"É bem simples", disse o espírito, erguendo os ombros. "Temos de nos importar uns com os outros porque é assim que deve ser; temos de cuidar uns dos outros porque os outros espíritos existem."

Esta foi uma entrevista extraordinária, o espírito chamado Rockwell me surpreendeu a cada palavra. E ele ainda iria me chocar mais.

Ele se levantou, ergueu seu punho no ar e gritou, com toda a força de seus pulmões:

"Desista, campeão. Deixe o livre-arbítrio de lado. Deixe de lado essa vontade de odiar, de se revoltar, de ter medo. Pare de ter medo de quem você é e seja o que você é. Não existe raça, nem disputa. Só existe uma linha de chegada e vai estar sempre à sua espera."

Rockwell, o espírito, é bem diferente de Rockwell, o homem. Mas ele é o primeiro a admitir: "Somos o mesmo e somos iguais. Eu fui em frente, só isso. E assim é com o planeta. Se você tem qualquer dúvida, fale com a minha mãe".

***Ed, direto do Outro Lado da Vida.***

A SEGUIR... A MÃE...

# Capítulo Dezoito

## *A Mãe*

*"A revolução que se apresta é antes moral do que material. Os grandes Espíritos, mensageiros divinos, sopram a fé, para que todos vós, obreiros esclarecidos e ardorosos, façais ouvir a vossa voz humilde, porquanto sois o grão de areia; mas, sem grãos de areia, não existiriam as montanhas. Assim, pois, que estas palavras – "Somos pequenos" – careçam para vós de significação. A cada um a sua missão, a cada um o seu trabalho. Não constrói a formiga o edifício de sua república e imperceptíveis animálculos não elevam continentes? Começou a nova cruzada. Apóstolos da paz universal, que não de uma guerra, modernos São Bernardos, olhai e marchai para frente; a lei dos mundos é a do progresso."*

**ALLAN KARDEC, *O EVANGELHO SEGUNDO O ESPIRITISMO***

*"O momento negro em que a larva chama de final é o momento ensolarado que a borboleta chama de começo."*

**AUTOR DESCONHECIDO**

Não fazia a menor ideia de quem era a "mãe", até que a encontrei. Imediatamente eu entendi quem, ou melhor dizendo, o que era essa força.

Azul... profundo e tranquilo como um céu do Caribe.

Verde... farto e denso como uma floresta tropical.

Marrom... fértil e rico com um campo cuidadosamente arado.

Branco... puro e limpo como uma nuvem flutuando sobre uma planície.

Essas eram as vibrações dela; essas eram as vibrações da Terra, onde ela era conhecida por diversos nomes:

Natura
Demeter
Eingana
Gaia
Pachamama
Terra Mater/Tellus Mater
Dewi Shri/Dewi Sri

Diferentes culturas e épocas distintas identificaram essa forma de muitos modos diferentes. Mãe Natureza, Mãe Terra, Mãe Magnânima. Nomes não significam nada, porque todos se referem a uma só. A energia feminina que envolve e cuida do planeta.

Eu prefiro chamá-la de Maria.

A insuficiência das palavras e minha própria incapacidade de compreensão tornam difícil descrever essa força, mas na falta de uma alternativa melhor, eu vou tentar: sutil, calma, doce, firme e sublime.

"Fui enviado a você por um espírito chamado George. Ele disse que progrediu, assim como o planeta, e se eu tivesse qualquer dúvida, devia falar com a Mãe. Bom, aqui estou eu."

Por um raro momento em minha carreira, eu estava sem palavras.

Os olhos de Maria brilharam e seu sorriso me hipnotizou. Apesar de saber que estava vendo uma simples representação de uma força poderosa e universal, a visão diante de mim era ainda arrebatadora.

A voz que eu ouvi era suave, mas com a energia de um enorme trovão.

"Dúvidas sobre a Terra? Não deveria ter nenhuma. Tudo está correto e no tempo certo. Você já não escreveu sobre isso? O processo é simplesmente parte de uma transformação longa, lenta e implacável, que começou no minuto em que o Pai criou o planeta."

A luz é dominante, constante e jamais perde a intensidade. "Exceto agora, quando está acertando seu ritmo; uma mudança primordial está sendo preparada. Deixe-me explicar."

Timidamente encaixei uma pergunta, uma que talvez eu jamais tivesse a chance de fazer novamente.

"Muitos dizem que você está revoltada. Por anos, os humanos abusaram do planeta, poluíram o ar, despejaram lixo químico nos rios e desperdiçaram os recursos naturais. Você está mesmo furiosa? A Terra se revoltou?"

Não notei nenhuma mudança em sua vibração e a firmeza com tom suave ainda estava em sua voz:

"Não. Não há revolta. Não estou furiosa. Como foi previsto e prometido, uma nova geração de espíritos está começando a encarnar e eles compreendem a importância da harmonia; harmonia em suas vidas, uns com os outros, com o planeta e com o Universo. As almas que estão chegando, neste exato momento, são mais sensíveis, compassivas e cuidadosas do que qualquer grupo do passado. Elas são voluntárias para deixar a Terra pronta para assumir um novo papel na Criação.

Só mesmo os que são cegos pelo ego, ambição e orgulho não conseguem compreender o que está acontecendo. Aqueles cuja vibrações ainda estão apegadas às frequências moribundas do planeta ainda resistem. Um outro planeta está sendo preparado para eles, um planeta onde as lições já ensinadas na Terra em breve serão aplicadas.

Diga aos seus leitores que olhem ao redor. Por um momento, peça que eles saiam de suas rotinas e esqueçam os problemas da vida".

Primeiro, ela pediu a cada um de nós que "identifique os que conspiram contra a mudança". E ela nos alertou para "ignorá-los" até que se tornem "cães latindo ao longe de madrugada".

Segundo... ela pede a cada um de nós que "silencie as vozes do medo no seu interior. "Você é amado, nós estamos com você."

Ela então nos diz para olhar o mundo com novos olhos, "e você verá os ventos soprando".

Comece pela Europa, ela sugere. É um continente onde os países e reis lutaram por séculos. Agora, está unificado, aspirando por nada mais do que estabilidade e prosperidade. Isso não é um sinal?

Vá para a América do Sul... por séculos, o continente nada mais era do que um "grande retalho de antigas colônias" governado por senhores feudais e famílias da elite alimentando a ignorância do povo. Hoje, esse coronéis desapareceram, as elites já não estão conseguindo se manter no controle e as antigas colônias cresceram e se tornaram nações que buscaram por uma identidade e por independência. O Brasil, o maior país do continente, é quem toma a frente nessa direção. O seu ex-presidente é um homem que já foi uma vítima da elite dominante. E além disso, movimentos espiritualistas, baseados nesse país, estão agregando seguidores de todos os cantos do mundo. Não seriam mais sinais?

Vá para a Ásia... o continente está se livrando das algemas da pobreza e da corrupção, construindo cidades cheias de arranha-céus. Mudança.

Os Estados Unidos são o centro da mudança. A dor da tempestade econômica começa aí. No entanto, esse país, com sua poderosa mídia, Internet, indústria cinematográfica e tecnologia, está a postos para transmitir as vozes da mudança. Ideias, ideais e conceitos vão surgir nesta nação, serão assimilados e espalhados por todo o mundo.

"Não se preocupe com as questões da Terra, reflita sobre as questões do espírito", ela alerta. "As questões da Terra são invenções da humanidade para dar razão a tudo. As questões do espírito são as verdades do Universo, descortinando-se diante de seus olhos."

A Mãe disse que, há 200 anos, o negro que vivia na América estava acorrentado. Há menos de 70 anos, eles não podiam se sentar ao lado de um branco em uma escola, igreja ou ônibus. Negros e brancos não podiam se casar, era ilegal em alguns estados.

"Agora, veja o que está acontecendo", ressaltou a Mãe.

"Esqueça a questão política", ela se empolga, "concentre-se na questão espiritual".

"O filho de uma mulher branca e um homem negro está liderando aquele país. Negros e brancos representados por um só homem. Uma mistura de raças ganhou espaço; a unidade da humanidade está finalmente sendo compreendida. E ainda tem muito mais: ele também é o filho de uma mãe ateia e de um pai muçulmano. Outro símbolo. Será que alguém duvida que existe uma transformação aproximando-se?

Nos próximos anos, novas forças estarão funcionando – mesmo enquanto as antigas forças lutam para se manter vivas. A batalha é natural. Todavia, a Nova Era vai varrer a antiga, lenta e certamente. Porque: é natural."

A voz maternal falava agora diretamente comigo.

"Você me perguntou se estou furiosa? Como eu poderia estar furiosa se as mudanças começaram a se revelar? Você perguntou se estou revoltada? Como eu poderia me revoltar contra essas transformações? Elas são naturais, assim como eu."

***Ed, direto do Outro Lado da Vida.***

A SEGUIR…. O FIM…

## Capítulo Dezenove

# O Início do Fim

*"A vida é um processo de tranformação, uma combinação de estados por que precisamos passar. As pessoas fracassam porque querem escolher um estado e permanecer nele.*
*Esta é uma forma de morte."*

**ANAIS NIN**

*"A terra é uma pequena parte de uma vasta rede de energia".*

**SCOTT CUNNINGHAM**

*"E toda uma revolução que neste momento se opera e trabalha os espíritos. Após uma elaboração que durou mais de dezoito séculos, chega ela à sua plena realização e vai marcar uma nova era na vida da Humanidade. Fáceis são de prever as consequências: acarretará para as relações sociais inevitáveis modificações, às quais ninguém terá força para se opor, porque elas estão nos desígnios de Deus e derivam da lei do progresso, que é lei de Deus."*

***O EVANGELHO SEGUNDO O ESPIRITSMO* – POR ALLAN KARDEC**

Os monitores estão reunidos em um único tempo e um único lugar.

Robert e Josiah, de energia e finanças, sentam-se em uma mesa de pedra comprida em meio a um espaço branco sem paredes. Joaquin, com cotações, está aqui, ao lado de John, o monitor economista e a vigilante ambiental Luiza. O rabino, o padre e o monge conversam com Margaret, o espírito que passa seu tempo avaliando o progresso da humanidade.

Ao longo dessa reportagem, este jornalista testemunhou, bem de perto, a natureza galáctica dos eventos que acontecem na Terra; e agora, dotado de uma nova compreensão, ainda existem algumas perguntas que precisam ser feitas.

Lancei minha primeira pergunta para o grupo, partindo do ponto onde eles começaram: energia. Quis saber: "Se o Universo está se modificando constantemente, Deus também muda. Os desejos e planos do Criador mudam quando evoluem?".

"Vocês todos disseram isso, de uma forma ou de outra", insisti. "A evolução é constante, a mudança é inevitável". E, relembrando como Margareth demonstrou a evolução do corpo humano: "Se um corpo se modifica, não é lógico que Deus também mude?".

O primeiro a responder foi Robert.

"Só há um problema com sua teoria", apontou ele, rapidamente. "Nós, espíritos humanos, costumamos creditar atributos humanos a essa força que chamamos de Deus. Quando 'personalizamos' Deus, automaticamente impomos limites. No entanto, com Ele, não existem limites. Essa energia não conhece barreiras e não é controlado por tempo ou espaço".

Provoquei novamente, refazendo a pergunta. A resposta é importante, porque se a força que chamamos Deus evolui como tudo no Universo, não pode existir um plano ou razão. "Deus estaria reagindo aos acontecimentos, da mesma forma que nós fazemos. Eu agora entendo que forças estão trabalhando nas transformações. Vocês demonstraram como essas energias evoluem. O que todos querem saber: Deus também muda?"

O padre se fez notar, rindo e sacudindo sua cabeça. Ele me disse que entendia onde eu queria chegar, mas emendou que "com pressa, eu não chegaria a lugar nenhum".

"Imagine uma vela acesa", ele sugeriu. "No pavio a sua chama é mais intensa. Agora imagine esta chama, ainda no pavio, brilhando em todas as direções; a luz que penetra em cada canto da sala. A chama modificou-se de uma pequena luz em uma energia que ocupa um espaço que vai até onde seu olho pode ver. Mas, lá no pavio, nada mudou. A intensidade é ainda a mesma. Assim é Deus; uma força que sempre se modifica e cresce, mas permenece sempre a mesma."

Sentada entre o padre e o rabino, Margaret ergueu sua mão e, ainda usando a mesma analogia da vela, levou a resposta do padre um pouco adiante.

"O espírito humano é um brilho que sai da chama. Eles precisam deixar que o pavio cresça sozinho. Com o passar do tempo, cada brilho ou espírito se expande e se modifica. Quando os espíritos progridem, a luz exterior se une com a luz interior. Então ele está apto a se reunir, pura e perfeitamente, com o pavio. O pavio não se modificou, foi o brilho que evoluiu. Deus não muda, nós é que mudamos."

Estava pronto para retrucar, mas o rabino antecipou o que eu ia dizer.

"Posso imaginar o que está em sua mente. Se nós retornamos modificados à força que nos criou, isso também não a modificaria? Lembre-se, o brilho foi aceso pelo pavio, nós meramente nos expandimos para ser uma luz."

"O que acontece", resumiu o rabino, "é que mais harmonia é criada no Universo quando as energias velhas e usadas são descartadas".

Esta discussão me era fascinante. Em minha cabeça, eu havia começado a ordenar uma série de perguntas. Desisti de todas elas. Preferi seguir o fluxo naquele caldeirão de novas ideias.

"Podem descrever como será essa nova Terra? Já ouvi a palavra harmonia ser repetida várias vezes. Vocês estão dizendo que a Terra está sendo preparada para uma Era onde todos os espíritos vão viver em plena harmonia conjuntamente? Estamos falando de uma espécie de paraíso, se este for o caso."

Olhei por toda a mesa, imaginando quem iria dar a resposta primeiro. Foi o monge, o primeiro a dizer a palavra, que se adiantou.

"Os espíritos possuem vibrações. A energia deles vibra conforme seu desenvolvimento. Quanto mais elevada a energia, maior a evolução. A Terra, como tudo no Universo, também tem uma vibração. Essa vibração está se elevando, assim poderá receber espíritos de uma energia mais elevada."

Ele fez uma pausa por um segundo e continuou, descrevendo um novo tipo de espírito: "Alguns deles já estão lá", para habitar a Terra.

"Esses novos hóspedes do planeta", ele começou, "serão espíritos que vão reconhecer a futilidade do orgulho, o vazio do ego e a estupidez da ambição. Por causa disso, eles deixaram para trás os preconceitos sem sentido, o ódio e o medo. Novos valores e emoções estão emanando de seus espíritos, preenchendo o vazio deixado pelas velhas emoções".

"Agora, eles precisam aprender como ter todos esses novos valores em harmonia. Eles vão precisar de tempo para ajustar sua energia, integrar suas vibrações, para continuar evoluindo. Não", enfatizou ele, "isso não será uma espécie de paraíso na Terra. Será meramente uma nova lição a ser aprendida, uma lição de um plano mais elevado da existência, mas ainda uma lição".

"Quando", perguntei, e "quando", repeti. "Quando essa grande transformação vai acontecer?"

Luiza, o espírito que acompanhava o passo acelerado das mudanças acontecendo na superfície do planeta, disse que essa transformação vai ocorrer em etapas, e a Terra está agora passando pela segunda etapa.

"Toda a sujeira está sob um feixe de luz agora; o sistema econômico esgotado, a violência, o ódio, o preconceito, tudo está sendo trazido às claras, para que todos vejam. E, por outro lado, novas energias se formam, criando assim um equilíbrio. As barreiras raciais desmoronam; as pessoas exigem economias mais justas e equivalentes. E, o mais importante, os humanos estão começando a se identificar com outros humanos. O pai desempregado em Paris consegue se ver no lugar de uma família em dificuldades no Rio de Janeiro. O aposentado que perdeu tudo o que economizou na vida se identifica com a mãe solteira que tenta alimentar seus filhos.

O corretor de Wall Street, que perdeu seu emprego, posição social e prestígio, agora compreende a agonia de uma pessoa que está prestes a perder sua casa. Doloroso? Sim. Necessário? Sim, porque a velha turba de espíritos terrestres só aprende por meio do sofrimento e da privação."

Joaquin, que até agora ouvia seus colegas monitores em silêncio, se fez ouvir.

"Você pergunta quando. Logo. O vazio abre buracos por todo o planeta. A superficialidade construída pela cobiça, avareza, orgulho, ego e arrogância descarada está desmoronando sob os ventos da Nova Era. As últimas cartas que compunham o castelo estão caindo. E assim, as pessoas vão fazer escolhas."

Tão subitamente quanto chegaram, eles se foram. Os monitores desapareceram. Estou sozinho no espaço branco sem paredes.

Esta foi uma jornada interessante para mim. Espero que tenha sido o mesmo para você. Nesta altura, já não tenho nada a acrescentar ou explicar. Tudo já foi dito.

Tudo o que posso fazer é me despedir, da mesma maneira que encerrei centenas de minhas aparições nos jornais do rádio e da TV lá na Terra.

***Aqui foi Ed, direto do Outro Lado da Vida.***

BOA NOITE E BOA SORTE.

## Capítulo Vinte

# Coisas que Aprendi
# – Epílogo

*"De ordinário, o homem só é infeliz pela importância que liga às coisas deste mundo. Fazem-lhe a infelicidade a vaidade, a ambição e a cobiça desiludidas. Se se colocar fora do círculo acanhado da vida material, se elevar seus pensamentos para o infinito, que é seu destino, mesquinhas e pueris lhe parecerão as vicissitudes da Humanidade, como o são as tristezas da criança que se aflige pela perda de um brinquedo, que resumia a sua felicidade suprema.*
*Aquele que só vê felicidade na satisfação do orgulho e dos apetites grosseiros é infeliz, desde que não os pode satisfazer, ao passo que aquele que nada pede ao supérfluo é feliz com os que outros consideram calamidades."*

**ALLAN KARDEC, *O LIVRO DOS ESPÍRITOS***

Um dos espíritos deste livro, entrevistado por Edward, sentenciou que quanto mais ele aprendia, mais ele estava ciente do quanto ainda havia para ser aprendido.

"... Estou ciente de que há muito mais. Porém, já vi o bastante e aprendi o bastante para saber o quanto eu não sabia e o quanto eu sei agora, compreendo o tamanho do mistério que ainda não foi revelado."

Honestamente, pensei que havia terminado este livro. Já havia feito as revisões, enviado os capítulos para meu tradutor, o sr. Marcos Ramos, e até já havia enviado os primeiros dez capítulos para a editora.

Mas, eu tinha aquela sensação inquietante de que ainda havia alguma coisa faltando; havia ainda alguma coisa a ser colocada no papel.

Assim, este capítulo nasceu de uma necessidade urgente e premente de dizer algo mais. E aqui está o que eu tenho a dizer:

Os mestres espirituais nos disseram que sofremos porque somos imperfeitos. E eles estão certos.

Esses mesmos mestres nos disseram que, por causa de nossas imperfeições, cometemos atos que nos levam ao sofrimento.

E eles estão certos.

Nós chamamos os resultados desses atos de carma, causa e efeito, o equilíbrio do Universo; todos esses termos estão corretos e eles apenas significam a mesma coisa.

Mas existe algo mais.

Sofremos porque nossas ações são imperfeitas, **mas também sofremos por causa de nossas próprias imperfeições.**

Existe uma diferença entre sofrer por nossas atitudes e sofrer por nossa própria causa. E isso é uma coisa que eu aprendi.

Agora, vou tentar colocar no papel o que eu aprendi.

A maioria de nós encarnou neste mundo, como ele é neste momento, porque somos imperfeitos. Estamos aqui para aprender com nossas imperfeições e crescer e nos livrar delas. As atuais vibrações deste planeta foram preparadas para isso.

Temos nosso orgulho, ego, ambições, desejos, vontades, ódios e invejas.

Sofremos duplamente por causa disso tudo.

Vou tentar explicar.

## AMBIÇÃO

A ambição instiga nossos espíritos a evoluir, a "ir em frente nesse mundo". Não há nada errado com isso. Mas... e esse é um enorme "mas"... quando nossa ambição se torna uma "ambição cega", agimos pela cobiça, inveja e egoísmo, controlados pela ânsia de poder.

Cometemos atitudes, graças ao livre-arbítrio, que mais tarde teremos de pagar por elas; machucando outro ser humano, mentindo, trapaceando ou sendo desonestos apenas para "ir em frente neste mundo".

Com nossas ações, criamos uma reação; o carma é criado e, de uma maneira ou de outra, nesta vida ou na próxima, vamos vivenciar as reações para nossas ações. Às vezes, sofremos grandes traumas emocionais ou psicológicos, outras vezes fisicamente.

Entretanto, existe um outro tipo de sofrimento que nossas imperfeições causam; e é aquele "desespero silencioso" que domina nossa vida cotidiana.

Aqueles de nós que agregam seu valor a símbolos materiais sofrem quando perdem ou quando não podem conservar esses símbolos. Nossos egos nos rotulam de fracassados, porque não conseguimos ter o último modelo de um carro, as roupas de grife ou o cargo mais alto na empresa. Sofremos quando os perdemos, sofremos quando não podemos tê-los. Sofremos por nossas imperfeições.

Nossa inveja dos outros nos traz sofrimento; desejar mais e mais o que as outras pessoas têm.

Nossa cobiça nos traz sofrimento; o ato de desejar e querer gera um fogo de superficialidade que consome nossa alma, um fogo que queima mais quente do que a lava de um vulcão, devorando todo o nosso ser.

Nosso ódio nos traz sofrimento, pois nos proíbe de esquecer, perdoar e seguir em frente, fazendo com que chafurdemos na lama da revolta e da culpa, buscando vingança e justificativas.

E, além disso, nossas imperfeições nos fazem sofrer duplamente; primeiro por nossas atitudes e em segundo – mas talvez o mais importante – por nós mesmos.

Imagine ter tudo o que desejar na palma de sua mão: uma pomposa mansão, carros caros, uma família perfeita, um emprego com um alto salário e muito prestígio.

Você seria feliz? Estaria satisfeito? Estaria em paz, tranquilo, ou usando um termo mais popular... estaria "zen"?

Duvido. Nossas imperfeições continuam nos corroendo, fazendo com que pensemos que precisamos de mais, que o que temos não é o bastante. Eu sei do que estou falando, já passei por isso.

Os tempos e transformações que estamos vivendo neste planeta nos apresentam uma maravilhosa e singular oportunidade de nos livrarmos dessas nossas imperfeições. Estamos tendo a chance de compreender, em primeira mão, os resultados da cobiça descontrolada, da ambição, da avareza e da arrogância. No entanto, é importante lembrar que não devemos enxergar essas falhas apenas nos outros – mas sim vê-las em nós mesmos.

Vê-las em nós mesmos, para que possamos curá-las.

Vê-las em nós mesmos, para que possamos ir em frente, certos de quem e o que nós somos; espíritos eternos criados à imagem e semelhança de Deus.

Vê-las em nós mesmos, para que possamos viver como fomos criados para viver; livres de imperfeições e sofrimentos.